CHENSHIJIAZU DANGANQUANJIEMI

陈氏家族档案全揭秘

陈仕豪◎编著

一个家族的荣辱与一个政权的兴衰，相牵？相系？一段民族的历史和往事，是悲？是欢？

華文出版社
SINO-CULTURE PRESS

图书在版编目（CIP）数据

陈氏家族档案全揭秘 / 陈仕豪编著. —北京：华文出版社，2011.9（2015.7重印）

ISBN 978-7-5075-3534-1

I.①陈… II. ①陈… III. ①陈立夫（1900 ~ 2001）-家族-史料
②陈果夫（1892 ~ 1951）-家族-史料 IV. ①K820.9

中国版本图书馆CIP数据核字（2011）第166183号

书名：陈氏家族档案全揭秘

标准书号： ISBN 978-7-5075-3534-1
责任编辑： 吴素莲
出版发行： 华文出版社
地　　址： 北京市西城区广外大街305号8区2号楼
邮政编码： 100055
网　　址： http://www.hwcbs.com.cn
电子信箱： wusulian567@yahoo.com.cn
电　　话： 总编室010-58336262　发行部010-58336212　010-58336238
经　　销： 新华书店
印　　刷： 北京龙跃印务有限公司
开　　本： 787 × 1092　1/16
印　　张： 20
字　　数： 300千字
版　　次： 2011年9月第1版
印　　次： 2015年7月第三次印刷
定　　价： 49.80元

序言

在浙江北部，有一个山清水秀、景色宜人的鱼米之乡，这就是今天的湖州市。在漫长的岁月长河里，湖州几经兴衰，楚国春申君在此修建菰城；秦始皇统一中国后，又迁徙越人居住此地，建立乌程县；三国时，吴国在这里设置吴兴郡。中华民国时，定名为吴兴县。

湖州境内河流纵横，湖泊星罗棋布，水上帆樯出没，两岸田畴交错，青竹翠绿，风景迷人。在湖州登高远望，南有莫干山和天目山，巍峨挺拔，云雾缥缈；北有太湖水相映，烟波浩荡，水天一色，简直是一幅似锦的山水画。元朝书画家赵孟頫对此秀美景色，曾挥笔留下赞美的诗句："苍峰北峙，群山西迤，双溪夹流泓波皎澈，山川映发，冲和攸集，星平列斗，势雄乎楚雄。"湖州不仅山明水秀，而且物产丰富，尤以丝绸和湖笔为最佳，名传海外，自古就有"丝绸之府"的美称，而湖笔也驰名世界，成为文人墨客最喜爱的文房四宝之一。

湖州也是一个人才辈出的地方，在近代史上，国民党的一大批重要官员都出自这里。这些人在蒋介石统治大陆时期都声名显赫，与蒋介石有着千丝万缕的联系，可谓蒋家王朝的核心人物。如国民党中央执行委员、浙江省政府主席张静江；国民党教育部长、组织部长、行政院副院长朱家骅；国民党中央常委、宣传部长戴季陶；国民党财政部次长、交通银行董事长钱新之；国民党中统局局长徐恩曾等，而最重要的当属以陈果夫、陈立夫兄弟为代表的陈氏家族。

在战乱年月，陈果夫、陈立夫兄弟俩之所以能权倾一朝，这与从这块土地上走出众多的杰出人物也有很大关系，他们利用同乡关系拉帮结派，营造自己的权势，使之形成"蒋家天下陈家党"的局面，成为"四大家族"之半壁。

目录

第一章

陈氏家族影像过去时

湖州丝绸第一家

据考证，陈姓的远祖为虞舜，至周武王伐纣时，舜32代孙遏父为陶正，周武王依靠遏父的帮助才取得了伐殷的胜利。由于遏父功勋卓著，武王把大女儿太姬嫁给了他，遏父和太姬生了一个儿子名满，被封于陈，于是以封地代姓，满的子孙们便姓了陈，这就是陈氏的由来。

陈家迁至湖州定居最早可以追溯到陈缜，相传他已经是遏父和太姬的儿子满的87世孙了，陈缜就是湖州陈氏东林支的始祖。传到第17世陈应恪，迁居湖州府城内。湖州盛产蚕丝，陈家着手经营丝绸业，经过几代人的努力，到了第23世陈丰时，陈家发达起来，成为当地的望族。据说丝绸之路上的丝绸，湖州占半边天下，而湖州的丝绸，陈家又占半边天下。据《湖州府志・教义传》所载，陈氏“以孝义受钦于乡里”。第24世陈绚，因为热心地方公益事业，湖州府曾赠与“圣门狷者之流”及“矜式乡闾”的匾额，以示纪念，留名天下。

1851年，太平天国运动爆发，迅速影响到江浙一带。在太平天国革命的冲击下，身为当地富豪的陈家家道中落了。太平天国革命失败后，第25世陈延佑感于家道中衰，遂努力经商以自振。陈延佑为人勤俭谦和，生意蒸蒸日上，没过多长时间，家道复兴如初，又成吴兴望族。

宅心仁厚陈其业

陈其业，生于1870年，字勤士，陈延佑的长子，陈果夫、陈立夫的父亲。在陈家的家谱中有真言相告："教人以学，教人以诚，教人以仕。"在那个时代，读书、科举以至做官，是一般富家子弟寻求出路、光宗耀祖的门径。陈其业走的当然也是科举取士的道路。他入私塾，熟读四书五经之类的儒家经典，一直上到府学。

19世纪八九十年代的中国正逐步陷入半殖民地半封建的深渊。陈其业本以为，"书中自有黄金屋，书中自有千钟粟"。但在上了府学之后，他耳闻目睹了清廷的腐败，对功名利禄失去了兴趣，再也不愿读书做官了。1894年，中日

※ 陈缜的第27世孙陈立夫和陈果夫。或许他们的始祖也未曾想到，一个丝绸世家竟出了这样两位权倾天下的显贵人物。

甲午战争爆发，堂堂的中华帝国竟输给了东瀛小国，进一步暴露了清政府腐朽虚弱的本质，陈其业更加失望、痛恨了。

1905年，日本取得日俄战争的胜利，使人们对这个东瀛小国刮目相看了。中国的一些先进知识分子从日俄战争中体会到，要想富国强兵，抵抗西方列强，应向日本学习，变法图强，发展工业。在这种思潮的影响下，一批优秀的知识分子纷纷东渡日本，学习富国强兵之术。陈其业也是其中的一员。

在日本留学期间，陈其业考察了日本的工业，希望能对国家有所裨益。但回国后却因种种原因不能施展自己的才华，实现自己的抱负。他是陈家的长子，自小所受的又是旧式教育，在一腔热血报国无门的情况之下，又心灰意冷地回到了故乡，继承家业，经营丝绸。

在故乡，陈其业虽对政治日渐淡漠，但对地方公益颇为热心，做了不少好事。为了抵制洋货在中国的倾销，他改良蚕丝，提高品质，与洋货竞争，使湖州丝绸上了一个层次。为了使民间资金流动畅通，他又降低典库的利息，以使农民免遭高利贷的盘剥。为了减少当地的洪涝灾害，化害为利，他又倡导河流的疏通。

但是如果没有陈果夫、陈立夫这两个声名显赫的儿子，陈其业最多只能算是吴兴县的一个开明绅士。两个儿子发达后，这位原本不愿步入仕途、淡漠政治的前秀才又被卷入了政治旋涡之中。

1931年，蒋介石打倒国民党内的反蒋派别之后，召开国民会议，陈其业被选任为国民会议代表，主持浙江省的蚕丝、水利、典库工作。1937年，抗日战争爆发后，江浙一带为日军占领，陈其业被迫率家人西迁入川，当年被选任为国民参政员。抗战胜利后，蒋介石悍然发动内战，又不顾政协决议，非法召集“国民大会”，制定“《中华民国宪法》”。陈其业又被选为“国民大会”代表，随后又担任了全国商联会常务理事、全国工联会理事等。

国民党兵败大陆后，陈其业随蒋介石仓皇逃窜到孤岛台湾。此时陈其业已是80高龄，思乡之情与日俱增。故乡虽近在咫尺，却难

※ 陈其业一生淡泊名利，却因儿子的显贵而卷入政治浪潮，其逝世后竟得蒋介石的褒扬。图为蒋介石。

※ 中日甲午战争的失败，使得一批先进人士开始思考中国的出路。陈其业于此时东渡留学，欲学他人所长以救中华于危亡。

以回归。1961年，陈其业在浓浓的思乡愁中病死于台湾，时年91岁。

陈其业死后，蒋介石明令褒扬："综其生平，其与人也恕，其律己也严，其宅心也厚，其治事也勤；盖诚存乎心，而仁显于外，故能表率子弟，成功成仁，睦辑乡里，以尊以亲，终甘淡泊，以乐天年。"

声名显赫陈其美

陈其美，生于1878年，字英士，陈延佑的二儿子。在三兄弟中，要数他最为声名显赫。小时候的陈其美聪明伶俐，但十分顽皮，学习成绩一直不好。在陈延佑的眼里，陈其美是三个儿子中最

不争气的一个。当陈其美15岁的时候，父亲为了使自己的事业后继有人，决定让他弃学从商，年幼的陈其美不得不唯父命是从，在一个典当铺当学徒。

年轻的陈其美十分关心国家大事，经商之余经常阅读报纸。对清政府的腐败，他极为愤慨，于是力劝弟弟陈其采东渡日本求学。1902年，弟弟陈其采从日本士官学校毕业回国，向他讲述了日本国富民强的状况，以及变法维新、振兴实业的道理。陈其美深切地感到中国必须作一番彻底的改造才能摆脱亡国灭种的危险，又觉得自己见识浅薄，很难施展自己的抱负，于是毅然辞去典当铺职业，来到了上海。

上海是当时新学运动的中心，也是救国运动的中心。汹涌澎湃的革命潮流，使陈其美大开眼界，从此放弃了商业救国的理想。他如饥似渴地学习新知识，先后结交了秋瑾、徐锡麟、谭人凤、张静江等革命党人，并在他们的影响下开始了革命活动。1906年，在弟弟的资助下，陈其美东渡日本学习军事。

到东京后，陈其美很快加入了革命党人创建的同盟会，他庄严地宣誓："驱逐鞑虏，恢复中华，创立民国，平均地权……"从此，踏上了资产阶级民主革命的道路。

在日本，陈其美结识了后来叱咤风云的蒋介石。两人的相识完全是出于偶然。一天早晨，陈其美在一片小树林边散步时，忽然看到一位20多岁的中国青年在舞剑。走上前去一问，才知道他是浙江奉化人，是清政府

※ 1937年，"七七事变"引发了中国民众的抗日热潮。

※ 陈其美，中国近代史上的风云人物，他的经历对日后陈氏兄弟的政治生涯有着极大的影响，并构成了陈氏兄弟在国民党内飞黄腾达的决定性因素。

派往日本的官费留学生，正在士官学校的预备学校振武学校学习军事，此人正是蒋介石。

他看到蒋介石机灵英武，又是浙江同乡，学的是同盟会中很少有人学的军事，就产生了结为知己的想法。于是，陈其美与蒋介石的交往日益频繁起来，蒋介石经常去陈其美的住处聊天谈心，纵论国家大事；陈其美也越来越觉得蒋介石才华出众，把他视为兄弟。不久，陈其美介绍蒋介石加入了同盟会。

之后，陈其美和蒋介石又结识了另一位在日本留学的士官学生黄郛。三个人志趣相投，遂结为兄弟。此举对蒋介石在政治上的崛起有非常大的影响。后来，蒋介石提拔陈果夫、陈立夫很大程度上也是出于他和陈其美的兄弟情谊。

1908年，陈其美还未完成学校课程，就肩负起反清的重任，踏上了回国的征途。回到上海后，他积极从事革命活动。为了宣传革命，他先后在武汉、上海创办《大陆日报》、《中国公报》、《民声丛报》、《民立报》，为了争取国际舆论对中国革命的支持，又在上海创办了当时国内第一份英文日报——《大陆报》。

为训练造就革命军事人才，陈其美结识了津门大侠霍元甲，并同他一起创办精武学校。陈其美亲自挑选意志坚强、体格强健的革命志士50人，学习拳术、军事。毕业后，这50人到各处再组织同样性质的学校，每人教授50人。他认为，照此下去，不到10年，即可练成数十万甚至百余万体格强健，并具有丰富军事知识的青年，成为革命军的中坚。

1911年10月10日，湖北革命党人打响了推翻清王朝的枪声。陈其美立即策划江苏、浙江和上海的武装起义，并于11月在上海领导武装起义，攻占江南制造总局，光复上海。上海的光复有力地推动了辛亥革命的进程。孙中山先生高度评价陈其美："为吾党健者，于沪上握东南之锁钥，其功最大。"

上海起义成功后，由于领导起义的各革命团体互不统属，领导人之间很快便陷入争权夺利之中。领导起义的核心人物是李燮和和

※ 霍元甲，近代著名武术家。多次与将中国视为"东亚病夫"的洋人对擂，打击了他们嚣张的气焰。

陈其美，两人为争任沪军大都督而展开了斗争。

推选沪军都督大会在上海海防厅内举行。那天下午，海防厅内外由肩背步枪的卫兵警戒，门上贴着“沪军都督推选大会”的红色字条。下午2时，陈其美身穿学生装到达会场，前后跟着陈其美的把兄、洪帮老头子范高头的徒弟，号称“四庭柱”之一的刘福彪率领的几十名敢死队队员。这时，李燮和也骑着高头大马进入了会场，腰悬佩刀，背后跟着几十名商团团员。

会议不久便陷入对峙的局面。商团代表以李燮和“军事学识渊博，指挥上海光复任重功高”为由，提议李燮和出任都督，同盟会和会党方面则推陈其美为都督。争执之中，陈其美的结拜兄弟黄郛拔出了手枪，声称是陈其美先进入上海制造局。在场的商团军官也拔出了手枪，称陈其美进制造局后即被拘捕，后来是李燮和指挥全党和商团攻下制造局的。双方争论不休，大有火并的气势。

这时，刘福彪高举手榴弹，突然大声吆喝：“攻打制造局，陈先生吃了那么大的苦头，都督非选陈先生不可，否则我手榴弹一甩，大家同归于尽。”全场被震住了，于是，陈其美被推选为沪军大都督。

随后，陈其美率领起义军攻占南京，并通电独立各省，筹建临时政府。1912年1月1日，孙中山先生在南京宣誓就任中华民国临时大总统之职。中华民国成立了，陈其美可谓是中华民国的开创者之一。

正当人们为中华民国的诞生而欢呼之时，袁世凯却窃取了辛亥革命的胜利果实。于是，欢呼变成了游行示威，和平变成了战争。在孙中山先生的指示下，陈其美参加二次革命，起兵讨袁，自任上海讨袁军总司令，但终因寡不敌众而失败。在上海的大街小巷，到处都贴着悬赏5万元捉拿陈其美的告示。

讨袁的失败，并没有使陈其美丧失信心。1913年10月，陈其

※ 振武学校时的蒋介石虽神情坚定，却略带生涩。

美再次东渡日本，协助孙中山筹建中华革命党，孙中山任总理，陈其美任总务部部长，仅次于孙中山。在革命党人中，与黄兴、宋教仁、汪精卫、胡汉民等人相比，陈其美的资历是比较浅的，他之所以能取得如此高的地位，一方面由于他在辛亥革命后坚决支持孙中山，但更重要的是他的机智、果敢，是个难得的人才。

陈其美身居高位，当然不忘提拔他的兄弟蒋介石。1914年初，陈其美将蒋介石介绍给孙中山，受到孙中山的单独接见。这为蒋介石以后政治上的发迹准备了非常有利的条件。由于陈其美的大力扶持，1914年夏，孙中山命令蒋介石回上海策动武装起义。起义虽然失败了，但蒋介石在中华革命党和孙中山眼中的地位大为提高。

1915年，陈其美受命发动海军革命。经过多方争取，停泊在黄浦江上的“肇和”、“应瑞”两只军舰愿意协助革命军起义讨袁。12月5日，“肇和”号打响了起义第一炮，北洋海军迅速派“通济”舰迎战。陆上革命党人听到炮声后，立即按计划向电报局、电话局、巡禁局、工程局等机关进攻。最后由于力量悬殊，伤亡惨重，

※ 虽为女儿身，却有鸿鹄志。图为秋瑾着男装时的飒爽英姿。

※ 民国建立后，外交上一直在谋求国际社会的承认。袁世凯在篡夺总统之位后，为获得列强的承认和支持，不惜牺牲国家利益，与各国妥协。图为袁世凯与各国公使在一起。

只得退却。下午，各路起义都宣告失败，“肇和”舰由于缺乏粮草和燃料，战斗力减弱，被连击中数炮，官兵死伤无数。“肇和”号起义失败，陈其美、蒋介石等人被迫逃往日本。

“肇和之役”后，袁世凯一边积极推行帝制，一边残杀革命党人，最后当上了“中华帝国皇帝”。他的倒行逆施激起了全国人民的愤怒，各路革命党人纷纷起兵讨袁，陈其美也准备回国响应。

为阻止陈其美回国，袁世凯派人找到陈其美，声称只要他不再过问国内政治，便可资助他50万元赴欧洲考察。陈其美义正词严地对说客说道：“我个人

※ 陈果夫和陈立夫之后的发达，与当年陈其美和蒋介石的结识，有至为重要的关系，若不是这层关系，陈氏兄弟又怎能权倾朝野一时？图为参加沪军投入辛亥革命的蒋介石。

不需要这么多的钱，我想要这笔钱，无非是为了国家。一次付清，可以用作革命经费。”

说客一听，生气地说：“你错了，这笔钱不是想让你拿去革命，而是让你不要革命了，你如果拒绝，那袁世凯就要把这笔款用于杀你。”陈其美断然拒绝。

※ 中华民国成立，孙中山就任总统，陈其美功不可没。图为孙中山。

陈其美回到上海后，其革命活动屡屡受挫，但其革命意志丝毫没有动摇。他多方筹措经费，等待时机。此时，袁世凯又许以重金，要其离开上海，又被陈其美拒绝。收买不成，袁世凯决定用重金雇人暗杀陈其美。

袁世凯探知陈其美正苦于革命经费难筹之时，便派爪牙许国霖和程子安设立一个鸿丰煤矿公司，然后收买同盟会会员李海秋，让他告诉陈其美，说鸿丰公司有一块矿地，准备向日本抵押借款，如果陈其美能帮助介绍签约，公司可以拿出40万元支援革命。陈其美正为筹款犯愁，当即答应由李海秋与鸿丰公司办事人带合同底稿来签字。

※ 袁世凯窃取革命成果后，开始积极地镇压革命党人，急于筹措革命经费的陈其美被其诱骗并死于其手。图为袁世凯。

黄郛等革命党人均对此事表示怀疑，陈其美筹款心切，决定前去签约，就来到法租界萨坡赛路14号寓所。坐定不久，李海秋声称合同底稿忘带，需返回取来。李海秋刚出门，两个彪形大汉持枪冲了进来。陈其美防不胜防，头部连中数弹，当即倒地身亡。

陈其美死时，经济相当困窘，检查身边遗物，仅有款项20元。

蒋介石听到陈其美被刺杀后，痛哭失声，立即赶到出事地点，冒险将陈其美的尸体载回自己在上海的秘密寓所入殓，并亲自撰写祭文悼念陈其美。他以极悲伤的语调说："自今以往，世将无知我之深，爱我之笃，如公者乎？"可见蒋介石对这位盟兄兼恩师的情意之深。

威震上海陈其采

陈其采，生于1880年，字蔼士，陈延佑的小儿子，在三兄弟中最早崭露头角。他幼时受的也是传统的科举教育，16岁就中了秀才。此时，出外经商的二哥陈其美经常写信回家劝告他要"勤习西学，以求实用"，并力劝他去日本求学。1898年，清政府向日本派出了第一批学习军事的留学生，陈其采入选。

在日本留学期间，有两件事颇令陈其采受刺激。

有一次，陈其采在与一位日本友人闲谈时，友人提道："我们日本国有许多东西都是从中国学来的，我们的法律是从你们那里传来的，我们的佛教是从你们那里传来的，我们的文字是从你们那里借来的，甚至我们生活中的茶道、书道等等也是从你们那里学来的，但我们能打败你们靠的却是从西方学来的东西。要不是明治天皇革新变法，我们大日本国也和你们中国一样要面临亡国灭种的危险了。难道你们中国人都不懂变法图强吗？"

陈其采无言以对，但变法图强的想法却是深深地刻在他的心中。

还有一次，陈其采在一家书店买书时，店主向他推荐了两本书，一本是有关文天祥的，一本是有关岳飞的。店主对他说："岳飞、文天祥是贵国英雄，也是我们大和民族所尊敬的英雄。如果你们中国人现在再多几个像他们一样的英雄，中国也许就不会亡于满人手中。"

顿了顿，店主又很遗憾地摇了摇头："可惜你们现在还没有。"

店主的话深深地刺痛了陈其采的心，他暗暗发誓要成为岳飞、文天祥似的民族英雄。

※ 面对困境时，有人摇头叹息，有人怨天恨地，有人萎靡不振，有人潜心自修、另辟佳境。陈其采看到中国的落后，便立志变法图强。

1902年，陈其采以第一名的成绩毕业于日本士官学校。回国后，他创办了湖南武备学堂，任总教习。在这期间，他秘密参加了孙中山先生领导的革命，暗中联络新军中的革命志士，准备推翻清政府的统治。此后陈其采一直活动于军界中，直至升为中枢军咨府第三厅长，掌理全国新军及调度事宜。

陈其采曾任驻沪新军统带，统帅驻沪新军，负责维护地方治安。在这期间，他做了一件对革命党人影响非常大的事情，也为后来二哥陈其美，侄子陈果夫、陈立夫的辉煌打下了根基。

20世纪初，上海洪帮的首领是十分有名的范高头。

据说范高头脑门上长着一个高高的肉瘤，就像头上还长着一个小脑袋，因此他便得一个“高头”的绰号。当时威震一时的流氓头子黄金荣、李超五、刘福彪、潘钰卿都是范高头的手下，号称“四庭柱”，又称“四大金刚”。

然而，就在陈其采刚刚走马上任之时，上海滩发生了一件让范高头十分丢脸的事情。

有一天，范高头一个名叫芮德宝的徒弟在城隍庙的一个名叫“绿波廊”的点心店里，见到一个英国人在殴打女招待。芮德宝十分气愤，就走上前去劝解。不想这个英国人蛮不讲理，对芮德宝也大打出手。芮德宝劝架不成反遭打，气急之下，将他当流氓善于打架斗殴的本事全拿了出来，把这个英国人狠狠打了一顿。

洋人可是不好惹的，挨打的英国人回去后，向领事馆起诉，状告芮德宝打人。在上海租界，英国人是享有特权的，芮德宝胆大包天，竟敢打英国人，按当时清政府和列强所签订的不平等条约规定，芮德宝应由英国领事馆审讯。范高头作为一帮之主，竟然不能保护自己的徒弟，显然是十分丢人现眼的事情。清政府又得罪不起洋人，范高头是注定要栽跟头了。

正当范高头十分为难之际，陈其采站了出来。作为主管一方治安的他，主动将官司揽到自己手里。英国领事馆向他要求引渡芮德宝，陈其采断然拒绝了英国领事馆的要求：“这是中国的领土，我们中国政府有能力审理此案。”英国领事见要挟不成，遂找人调停。结果，以英国人赔礼道歉，承担经济损失了事。

陈其采对芮德宝一案的处理，给范高头挽回了面子，使范高头对陈其采非常感激。二人还结为异姓兄弟，范高头要求他的徒子徒孙们拥戴陈其采。这样，陈其采成了洪帮的“小老大”，其辈分比黄金荣还高一辈。这就是同盟会时期的上海革命党人和以后的国民党人与上海帮会势力关系密切的起因。陈其采的哥哥陈其美在上海从事革命活动，并成为“沪军大都督”，军政大权一手把握，很大程度上得到了范高头及其帮会的大力支持。

1911年，辛亥革命爆发。1912年，孙中山在南京出任中华民国临时大总统，陈其采被任命为临时总统府咨议。然而不久，袁世凯窃取了革命的果实，陈其采被迫离开了总统府，于是回到老家创办了自己的精武学堂。由于袁世凯对陈其采非常忌惮，不久便将精武学堂查封。

※ 陈其采一生在国民政府任要职，协助蒋介石，成为他名副其实的教父。

※ 1912年，孙中山就任中华民国大总统，上海各界欢送孙先生赴南京就职。

陈其采在日本士官学校学习时有一个叫冯耿光的同学，此时任中国银行总裁。正当陈其采苦闷之时，他发了一封邀请函，请陈其采北上任中国银行总文书，陈其采欣然同意。从此，陈其采由军界转入了金融实业。

然而好景不长，冯耿光不久即辞去了中国银行总裁之职，陈其采也辞职回乡。适值清末状元张春在南通创办的大丰公司缺乏主事者，陈其采遂应聘任该公司总经理一职。不料由于水土不服，陈其采遍身患疹，痒痛不止，只得离开南通回上海就医，并应聘任中国银行杭州分行副行长。

陈其采以其丰富的军事阅历和复杂的政治背景，逐渐在经济领域取得了很高的地位，跻身于金融界高层，与张静江、虞洽卿、叶葵初、蒋抑卮、李馥苏、陈光南、宋汉章、张嘉等人齐名，共为江浙财团的重量级人物。

以经营实业、富民强国为己任的陈其采虽已离政治数年，但对政治仍是倍加关注。

1923年，浙江军阀卢永祥通电不承认曹锟贿选的总统，并停止与北京政府的往来。北京政府下令撤去卢永祥浙江督军之职，并令江苏军阀齐燮元督部剿办，江浙战争全面爆发。陈其采不顾顽疾在身，与当时的社会名流阮性存、褚辅成、张一敖等奔走呼吁，力图化干戈为玉帛。

1924年，孙中山委派蒋介石负责筹备黄埔陆军军官学校，蒋介石电邀陈其

※ 齐燮元(1879～1946)，民国年间，所率部队屡战屡败，然而职务却节节高升。1924年，在二次直奉战争中失败后被免职。但他不甘寂寞，1937年竟卖身求荣，投靠日寇，当了汉奸。民间有“斜眼司令”之称。

※ 孙传芳，中华民国时期直系军阀首领之一。曾在日本士官学校学习步兵科，故在军事领域有自己的一番见地。

采赴粤任职军界，陈其采婉言谢绝了蒋介石的任命。他说：“我虽曾为军人，但远离军界已很久，很多事情都生疏了，若勉为其难，恐怕会误大事。”

蒋介石知道陈其采在军界有很多同学、同事，甚至学生，十分想利用他的社会关系，再者陈其采的二哥陈其美曾提拔过他，于是态度坚决地对陈其采说：“先生自幼矢志革命，为国家做一番事情。如今国民革命在即，正须借用先生这样的同志相助，先生岂能坐视，请先生万勿推辞。”

陈其采见蒋介石如此诚恳，就对蒋介石说：“多年来我在银行界滥竽充数，对于金融略有认识。北伐筹饷，愿对此效力。”蒋介石同意了陈其采的请求，任命他为全国财政委员会主任委员兼浙江省分会会长，负责与金融界联络，为北伐筹饷。

当时江浙还是直系军阀孙传芳的势力范围，在他的老窝里筹饷，是何等地艰难。陈其采化名“陈安”，通过种种渠道，屡屡往返于广东、上海及浙江一带，将大批军饷源源不断流向广东，有力地支援了北伐。

“四一二”反革命政变后，蒋介石成立了独裁统治的南京国民政府。自此之后，陈其采死心塌地地跟随蒋介石，历任浙江省财政厅长、江海关监督、江苏省财政厅长、导淮委员会副委员长等职，成为蒋介石名副其实的教父。

※ 那时的蒋介石可以说是年轻有为，深得孙中山先生的喜爱，他不仅将创办黄埔军校这样的大任交与他，而且黄埔军校成立后还让他当了校长。图为黄埔军校时的蒋介石。

第二章

陈果夫私密生活影像

启蒙历程

1887年11月，17岁的陈其业与何氏结婚，两人十分恩爱。1892年10月27日，长子陈果夫降生。小果夫长得白白净净，大大的眼睛，真的是人见人爱。小果夫有三个寄父。一般小孩认寄父是为了好养活，而陈果夫的寄父却都是争着要当的。虽然三个寄父对陈果夫的生活没有多大影响，但他却享受了更多的父爱。

母亲对陈果夫的要求很严。她认定一个很简单的道理：父母对儿女切不可溺爱，孩子小时候应该多吃苦，如果娇生惯养，长大以后肯定经受不得磨难。她是这样说的，也是这样做的。

有一次，陈果夫骂了别人一句，事后被母亲知道了。母亲二话不说，拉起陈果夫就打。这还不算，她甚至将陈果夫关进柴房里，“禁闭”了两个多小时，直到后来陈果夫承认错误，并保证以后不再骂人才被放了出来。这件事给幼小的陈果夫留下了深刻的印象。

陈家当时并不很富裕，但比一般人家要好。许多有钱的家庭为了摆阔或显示自己的高贵，总是尽力打扮自家的孩子，但何夫人却反对这样做。因此，陈果夫小时候穿得一直很简朴。每次他羡慕别人家的小孩穿好衣服，并要求母亲买新衣服时，母亲总是严词拒绝。何夫人还要求他穿得干干净净、整整洁洁，所以陈果夫从小就养成了爱干净的良好习惯。

母亲还严格控制小果夫的花销，不允许他乱花钱。有一次，陈果夫拿了家里的10个铜钱去买吃的，不巧被母亲发现了。何夫人二话没说，将陈果夫一下子按到床上，扒下裤子，便是一阵猛打。自那以后，陈果夫再也不敢自己拿钱买东西了，无论母亲在不在家。

母亲管教十分严厉，甚至不允许小果夫乱蹦乱跳。这并不是因为她不喜欢小孩子蹦蹦跳跳，而是因为果夫的祖母生性好静，孩子们一蹦起来，老祖母就会十分生气，甚至将果夫的母亲大骂一顿。何夫人虽然心里不痛快，但也不得不洗耳恭听，不敢表示任何不满，无奈只得管住自己的孩子。小时候的陈果夫由于缺乏身体锻炼，显得十分瘦弱，成年后也病魔缠身。

陈果夫5岁时就开始识字了，主要是父亲和大姑教他。父亲教他识字时并不严厉，但如果考他的时候不认识，就会对他大声训斥。有一次，父亲教他认了个“沓”字，等到考他的时候他却怎么也想不起来了。父亲把他的鞋子脱去，关在房里，直到傍晚母亲回家，才把他的眼泪擦干，领了出来。母亲就很生气地对父亲说：“你的声音越响他越害怕，也就越来越不认识字，就是原来认识的也被你给吓得不认识了！”

湖州儿童上学启蒙，俗称为“开荒”。陈果夫8岁“开荒”，老师是沈若臣先生。那天，外婆家准备了很多糕点、水果，买了很多书籍、文具，还给他买了一套小小的礼服，让他穿得整整齐齐的去拜师。

拜师后，先生开始教他第一节课，是《书经》中的《尧典》。小果夫跟着先生大声诵读：“放勋钦明，文思，安安，允恭克让，光被四表，格于上下，克明峻德，以亲九族，九族既睦，平章百姓，百姓昭明，协和万邦，黎民于变时雍……”直到背得滚瓜烂熟为止。

上完课后，父亲又恭恭敬敬地请先生吃酒席。亲族中有很多送来书籍、文具，并热情地向父母道喜，热热闹闹地忙了一整天。

“开荒”前，陈果夫已读完《千字文》、《百家姓》、《三字经》，识字数千。“开荒”后，到了陈锡百先生的私塾，学习《史鉴节要》、《天文歌诀》、《地理歌诀》等书。陈老师每天都要睡

※『四一二』反革命政变，使中国大革命受到了严重的摧残，标志着大革命的部分失败，是大革命从胜利走向失败的转折点。同时也为蒋介石建立反动的南京政府扫清了道路。

※ 一生戎马倥偬，最后却换来漂泊异乡的结局。图为李宗仁。

11月21日，中央党务学校学生又在陈果夫的默许和支持下，用汽车高挂“打倒特别委员会”的标语，以党务学校校旗开路，结队在南京市中心游行，又到南京党部捣毁市党部牌额，并赴国民政府请愿，迫使政府释放了被捕学生。

11月22日，南京各界在公共体育场举行讨伐唐生智胜利庆祝大会。大会一开始，中央党务学校的师生在陈果夫的指使下，在会场散发反对特委会的传单、标语，发表打倒西山会议派的演说。

会后，大会组织了游行，中央党务学校学生走在队伍的最前列，高呼“打倒西山会议派”、“打倒特委会”、“改组国民政府”的口号，并要求当时的国民政府主席李烈钧下台。李烈钧恼羞成怒，命令军警对游行示威群众格杀勿论。一时间，枪声大作，游行队伍大乱，结果造成数人死亡，70多人受伤。

惨案发生后，一直置身于幕后的蒋介石走到前台，接连发表措辞严厉的讲话，给特委会施加压力。而陈果夫则指使手下的人在南京四处张贴传单、标语，指控西山派的谢持、邹鲁、居正、傅汝霖等10人为血案幕后主使者，要求国民政府严惩凶手。

此时，西山会议派才明白掉进了蒋介石、陈果夫所设的陷阱里。尽管他们

※ 李烈钧(1882～1946)，“宋教仁被刺案”发生后，组织讨袁军，任总司令，1913年7月12日在湖口宣布独立，通电武力讨袁，打响“二次革命”第一枪。“九一八”事变后主张对日抗战。

先后发表声明，召开谈话会，进行辩诬，并要求国民政府查明事实真相，均无济于事。在这种情况下，李烈钧只好下台，把持特委会大权的谢持等西山会议派成员也被迫辞职。

陈果夫的这一“杰作”狠狠地打击了西山会议派，搞垮了中央特别委员会，为蒋介石重新上台铺平了道路。

1928年1月，陈果夫与谭延闿、丁惟汾等接收了中央特别委员会机关，宣布国民党中央特别委员会恢复工作，并筹备召开二届四中全会。不久，蒋介石通电宣布继续行使国民革命军总司令职权。在这时期，CC派成员在陈果夫的指挥下，更紧密地勾结在一起。他们除了继续拥护蒋介石来排斥其他派系或小组织之外，更主要的是一次一次地发动反共活动。

2月，在国民党二届四中全会上，陈果夫极力鼓吹“清共”、“整党”，以清除共产党的影响，打击反蒋派系。他参加拟定的提案几乎占了这次会议所有提案的一半，这些提案系统地阐述了他“清共”、“整党”的理论、方法、程序，得到了蒋介石的赞赏。会上，陈果夫表现“出色”，被选为中央监察委员、民众训练委员会委员及常委。

陈果夫认为，必须把共产党员从国民党机关中清除出去，但现在国民党的组织形式、工作方法、所用理论均来自共产党，因此必须清除国共合作时期的理论与方法，树立“自己的理论”，也就是被他们篡改了的“三民主义”。同时，他认为，要使“清共”运动能收到实效，必须与“整党”结合起来。至于如何“清共”、“整党”，陈果夫的提案里也都做了具体的布置。

会后，陈果夫和弟弟陈立夫着手对国民党各级党部进行整理。他们首先对革命时期国民党内一些极右派人物逐一进行考查，凡是积极反动的，都被挑选出来，经过一段时间的考查之后，便从这些人中选出一些思想极端反共而又忠于国民党的“优秀”分子，担任党务指导员，分派到各地去主持“清党”。

陈果夫对这次行动非常重视，把它看做是扩充陈家势力的好机会，所以这些党务指导员都必须对自己效忠，才能得以选用。这些党务指导员到各地后，打着“整理党务”的旗号，将共产党员和国民党左派分子及异己势力全部驱逐出各级党部，重新进行改组，由二陈亲信们取而代之。这样，经过几年的时间，全国各省市的国民党组织完全被二陈所掌握。

为了加强对国民党的控制，陈果夫又对国民党组织部进行整顿和改组，在部下只设普通组织科、海外组织科、军人组织科、编审科、调查科、总务科等，其中以调查科最为重要。调查科的主要任务就是收集党内各种资料，打击和镇压共产党人及国民党内反蒋派系，陈果夫将该科进行扩充，调进一些亲信，并由陈立夫任主任。通过这次改组，二陈兄弟把国民党组织部牢牢控制在手中。

国共合作时期，共产党有许多得力人才，所以国民党组织内显得人才济济，陈果夫发动“清共”后，国民党人才匮乏的问题便显得十分突出。为此，陈果夫决定在中央党务学校中培养效忠于蒋介石的高级党务人才。他亲自为学

※ 谭延闿一生功名荣禄，不可谓不显赫，然谭氏本人却没有半点官僚习气，从容中道、心怀坦荡、温文尔雅，令人敬之。

校制定了“亲爱精诚”的校训，要求学员们亲爱团结、精诚一致，拥护蒋介石，形成国民党内以蒋、陈为代表的新兴势力。

党务学校的教学内容分政治训练和军事训练两种，以培养全能人才。政治训练就是对学生宣传蒋介石的言论和戴季陶主义，通过这些反共教育，培养学生仇视共产党、仇视革命的情绪与精神。除此之外，还训练学生主持会议、控制会场、指定发言、公众演讲等多种技能，以适应将来从事各种反共工作的需要。军事训练，就是将学员生活纳入军事管理之中，并进行军校学生所必须进行的训练，培养学员的军事素质。

1928年6月，中央党务学校的第一期学员，在陈果夫的精心培育下，有274名被认为成绩“合格”，准予毕业。其他学员则因对蒋介石不够忠诚，反共思想不坚决等未能毕业。第二年，中央党务学校改名为中央政治学校。

为了使中央政治学校能像黄埔军校一样，成为培养国民党干部的基地，陈果夫、陈立夫在学校的培养目标、教育内容、招生原则、科系设置等方面做了很多硬性规定。他们对学员的管理是非常严格的，学员稍有“越轨”行为，即被处置甚至开除。

有一次，学校内有三名学生在闲谈，对国民党“围剿”红军、压迫民众的政策有微词，很快被学生中的奸细告诉校方。校方二话没说，即以“共产党”罪名予以开除。有位具有正义感的教师觉得处理太重，便找到陈果夫，向他说情，希望校方能宽恕这三名学生。

但陈果夫毫不通情，他冷冷地说：“学生好比一筐广柑，这三个学生好比是三个烂广柑。烂广柑一定得拿掉，否则就会影响别的。”

有时，学生们即使只是违背了校纪，陈果夫也不问青红皂白就予以重罚。南京素有“火炉”之称，一到夏天便酷热异常，令人难以入睡。有一年夏天，一名学生忘了校方要求午睡的规定，走出了宿舍，在大礼堂的长凳上睡着了。校方发现后，把他叫到军训总队部，进行严厉批评。这个学生不服气，认为在大礼堂躺了一下，无伤大雅，便与总队部的人争吵起来。

※ 1925年11月谢持与邹鲁等发起西山会议，公开反对联俄、联共、扶助农工的三大政策。他们是西山派的主要成员。右为谢持。

※ 陈果夫一时排挤与自己意见相左的派系，一时又将矛头对准了共产党。他为扩充自己的势力积蓄力量。

陈果夫知道后，勃然大怒，训斥这个学生说：“学生在中央政校既是学生，也是士兵，谁要不守纪律，要按军法处置。”随后指示校方，以“目无长官”的罪名将这名学生开除。

正是在陈果夫的“严格”要求下，中央政治学校的历届毕业生，都成了陈果夫的效忠者。当时社会上就普遍流传：“中央政治学校出来的学生，脑门都刻着‘孝忠’两个字。”

二陈兄弟在排除异己的过程中，受到了丁惟汾的三民主义大同盟、汪精卫的改组派及其他派系的反对，地方党部和中央党部、下级党部和上级党部之间，矛盾冲突不断。二陈兄弟发挥其擅长权谋斗争的优势，将反对派一个一个地除掉。

孙中山逝世后，国民党四分五裂，形成众多派别。以蒋介石、陈果夫为首的蒋派立足未稳，陈果夫虽然主管国民党中央组织部，但其职权实际上只能在组织部内部行使。以国民党中央秘书长丁惟汾为首的丁派刚刚崛起，但其地位、名望都不足以和汪精卫、胡汉民以及西山会议派相比。于是，蒋派和丁派的合作一度非常亲密，出现了“蒋家天下丁家党”的局面。

二届四中全会时，蒋介石、陈果夫在党务问题上和丁惟汾合作，先后挤垮了西山会议派、胡汉民派和汪精卫派，而丁惟汾也当上了国民党中央执行委员会五名常委之一。但二届四中全会结束不久，蒋介石和丁惟汾就出现了裂痕。他解散了丁惟汾的国民党中央青年部，调丁惟汾为国民党中央训练部长。表面上丁惟汾的地位没有变化，但他丢掉了中央青年部，就等于不能过问国民党的组织人事大权，而这些权力当然为主管国民党中央组织部的陈果夫接收。

1928年8月，蒋介石在南京召开国民党二届五中全会。此时第二次北伐刚刚结束，蒋介石在军事上的声望如日中天，便开始向国民党内的其他派别开刀，企图独揽国民党党权。于是，蒋介石、陈果夫和丁惟汾两派之间在党权上明争暗斗，矛盾日益激化。

在党务问题上，陈果夫和丁惟汾早有争斗，但以前要共同对付汪精卫和胡汉民，所以双方都比较节制。1928年9月，胡汉民回国后，和孙科一起到南京，被增补为国民党中央常委。胡汉民、孙科在国民党内名望、地位都比较高，蒋介石、陈果夫就和胡汉民联合起来，打击丁惟汾的三民主义大同盟及汪精卫的改组派，而三民主义大同盟和改组派此时为了共同的利益，也联合起来对抗蒋介石。

国民党第三次全国代表大会前夕，为保证蒋介石对党权的绝对控制，陈果夫用圈定、指派大会代表的方法，把大批忠于蒋介石、

※ 胡汉民，中国国民党革命元勋之一。1931年2月28日，在与蒋介石发生了激烈争吵后被扣押。次日，胡被迫辞去国民政府委员、立法院院长等要职，并遭软禁。之后，一直保持反蒋态度。

忠于陈果夫的人拉进了大会。此举遭到丁惟汾、汪精卫的坚决反对。一场大战在所难免。

1928年11月2日，改组派与大同盟策动南京特别市党务指导委员会全体委员发表辞职呈文，指责蒋介石剥夺党员民主权利，并很快将抗议活动扩大。丁惟汾以退为进，向国民党中央提出辞职，并离开南京到北平。临走之前，他叮嘱在南京的大同盟分子发动反蒋活动，他本人在北方发动。

在北方，丁惟汾首先指使大同盟分子发动学生起来闹学潮，然后以平、津市党部的名义猛烈攻击国民党中央党部，要求将胡汉民、戴季陶、陈果夫三人赶出国民党中央。北平、天津两市的工会也声言反对国民党中央。随后，受改组派和大同盟影响较大的国民党云南、浙江、山西、江西、河南、江苏等省的国民党党部都闹了起来。

丁惟汾的三民主义大同盟大多为青年人，除丁惟汾本人外，其他人资历、地位和声望都比较低。于是，蒋介石决定瓦解丁惟汾的三民主义大同盟。他利用阎锡山、白崇禧和丁惟汾的矛盾，让阎、白以维护国民党权威的名义，武力镇压了北平市工会和北平学生联合会，又强行解散天津市党务委员会。丁惟汾遭阎锡山、白崇禧一阵痛击之后，陈果夫指挥自己的人马，趁机打入北平、天津党部，对大同盟成员大打出手，随后又逐一收拾了丁惟汾在其他地方的势力。

在强大的压力下，丁惟汾进退无路，被迫向蒋介石、陈果夫屈服。丁惟汾的三民主义大同盟也就此瓦解了，他的青年党徒或投靠陈果夫，或投靠汪精卫，或投靠阎锡山，各自寻门路去了。从此，国民党内的丁惟汾派不再存在。陈果夫、陈立夫也乘机用自己的人马填补丁惟汾派的空缺，基本上控制了丁惟汾在各地的党部。

丁惟汾被蒋介石、陈果夫打得落花流水，溃不成军，只剩下汪

※ 中央政治学校是陈果夫为蒋介石的独裁统治培养爪牙的场所。

※ 孙中山先生一仙逝，野心家们以各种不同的心情纷纷现身，真可谓有人欢喜有人忧啊！图为蒋介石等人出现在孙中山追悼会上。

精卫的改组派在孤军奋战了。改组派一方面指使所控制的地方党部抗议蒋介石、陈果夫圈定、指派代表的做法；另一方面又动员了所有的喉舌，如《护党》、《青年呼声》、《民意周刊》、《光明周刊》等，高喊“要求党内民主”、“反对一手包办三全大会”，全力攻击蒋介石、陈果夫。

1929年3月11日，就是国民党三大召开的前四天，改组派的头面人物汪精卫、陈公博、顾孟余等14个人在上海联名发表《关于最近党务政治宣言》，指责蒋介石、陈果夫指派、圈定三全大会代表，“完全违反本党民主之原则”；表示“对此种大会誓不承认”，“决不畏惧强御，始终与本党忠实同志共同奋斗”。一石激起千层

※ 汪精卫，面含微笑，行止从容，殊不知内里却是一叛变革命、卖国求荣者。图为汪精卫。

※当上国民党高官的陈果夫（前排中），可会想起他年少时高远的志向？

※ 孙中山先生生前可谓看好蒋介石的军事才华，可先生刚刚故去，蒋介石（左一）便显露了他的“狼子野心”。

※ 1964年，宋美龄接见“第十届中央委员会”的八位代表时的情形。他们个个白发苍苍，目花耳迟，回想当年的风云岁月，欷歔不已。

※阎锡山，军阀，从辛亥革命开始一直在山西掌权达38年之久，最终在人民解放军的凯歌声中，结束了他在山西的统治。

※ 廖仲恺，国民党革命元勋之一，党内重要的左派成员。由于其意见与右派成员相左，1925年，被人暗杀。

※ 段锡朋，五四运动中最著名的学生领袖，在学生中有“段总理”之称。

浪，这则号召力极大的政治宣言一出台，各地改组派及国民党各级党部便群起响应。

3月12日，国民党南京特别市党部举行代表大会，选举各区党部代表。陈果夫本以为，南京市党部为自己亲信段锡朋把持，不会出什么问题，不料，选举结果竟使陈果夫大吃一惊。在当选的60多位代表中，改组派竟占了30多个，可以说是大获全胜。获胜之后的改组派更加坚定了反对圈定和指派代表的决心。

3月14日，也就是国民党“三大”召开的前一天，以改组派分子、国民党中央大学学生吴健为代表的国民党员，发动全市党员，到南京市党部请愿，要求召开全市党员代表大会，讨论出席“三大”的代表问题。

大会由吴健主持，由谷正纲致开幕词。谷正纲是中央党务学校训育处副主任，本是陈果夫的手下，在反对西山会议派时，为陈果夫立下了汗马功劳。他原认为凭此当上“三大”代表毫无问题，不料竟未选上。失望之余，便又投靠了改组派。在开幕词中，谷正纲极力指责国民党三全大会代表的产生办法，高喊“反对独裁”、“反对圈定代表”的口号，赢得与会者的阵阵掌声。

午后3时，参加会议的改组派分子忽然提出了一个《抗议中央指派圈定三代会代表案》。陈果夫手下的人本以为第二天“三大”就要召开，这群人只是发泄怨气而已，不想却搞出个提案。于是，他们在会场大骂起来，大骂参加会议的代表都是“共党”，并乱扔石块，打碎了主席台上悬挂的廖仲恺遗像，打得主席台上的改组派分子东躲西藏。

大会经此骚扰，仍没散场，在谷正纲主持下，继续讨论提案。经过两小时的激烈争论，提案获得通过。陈果夫的爪牙方觉慧、施裕寿、李永懋率领打手再次蜂拥而来，围攻大会代表。他们赶前追后，拳打脚踢。改组派不甘示弱，也奋起抵抗，举起桌椅板凳还击。一时间，双方打得头破血流，谷正纲身受重伤，不省人事。

恶战之后，陈果夫的干将，南京市党部的段锡朋、洪陆东等假惺惺地出面调停。当晚，党员大会的代表在市党部的诱骗与军警的强迫下乘车到了中央党

※在商业上投机，在政治上投机，不曾想陈果夫在身为百姓的父母官时，却着实为百姓在着想。

※ 蒋介石与陈果夫、陈立夫兄弟。

部，蒋介石亲自训话，指责改组派的行为，并宣布撤销谷正纲的职务。

1929年3月15日，在蒋介石、陈果夫、胡汉民、孙科的包办下，国民党第三次全国代表大会召开。在这次大会上，陈果夫、陈立夫都当选为中央执行委员，陈果夫出任国民党中央组织部副部长，陈立夫任国民党中央秘书长，而二陈手下的曾养甫、余井塘、张道藩、程天放等都进入中央执行委员会，张厉生、余井塘则担任组织部的秘书。

就这样，二陈完全把持了国民党党权，“蒋家天下丁家党”从此变成了“蒋家天下陈家党”。“陈”字的英文译音头一个字母是“C”，所以又有人把本来是“中央俱乐部”简称的“CC”，作为“二陈”的简称。

虽然改组派在“三大”召开前闹得气势汹汹，但他们在南京并没有太大的势力，所以在折腾了一番之后，受不了蒋介石、陈果夫等人的迫害，被迫向上海

转移。但是，蒋介石、陈果夫并没有放过改组派，他们操纵“三大”决议，永远开除了陈公博、甘乃光党籍，开除顾孟余党籍三年，对汪精卫予以书面警告。

在蒋介石、陈果夫的授意下，国民党“三大”又通过《党章修正案》，增加了对付改组派的条款，规定“党员不得有小组织”、“不得党外攻击党员及党部”，党内问题“一经决议，即须绝对服从”等。

不久，蒋介石又以国民党党部中央党部名义，发表《检举改组派通令》，说改组派“发之党亡国亡言论，争取政权”，“罪大恶极”，“应严加取缔，以遏乱萌”，要求各地“严密检举该反动派之行动言论，随时呈报，以凭核办”。

在蒋介石、陈果夫的政治攻击下，改组派只好放弃了通过党内斗争来倒蒋的方法，改走拉拢、策动地方实力派军事倒蒋的道路。在中

※ 看着辛苦了多年的劳动成果被毁于一旦，陈果夫心里有难言的痛楚，一时间，立志勤政为民的念头闪现在了他的心中。图为淮河决堤时，逃荒的百姓。

※ 不曾想在金融上投机、在政治上投机的陈果夫，为江苏的建设倒作出了贡献。

原大战中，改组派游说于各地军阀之间。但改组派手中并无实力，各地大小军阀也看不起他们。因此，中原大战之后，各地大小军阀听命于蒋介石，汪精卫的改组派也无形中消失了。

主政江苏

1933年10月，陈果夫到镇江（当时的江苏省省会）走马上任江苏省主席。陈果夫到江苏后的第一件大事就是导淮工程。当时，由于黄河多次决口，以致夺淮入海，黄河携带的大量泥沙淤高了淮河河床，使淮河也成为“地上河”，治理淮河已经刻不容缓。早在1929年1月，国民党中央就成立了导淮委员会，蒋介石亲自担任委员长。但是由于蒋介石忙于军阀混战，军费开支十分困难，导淮工程始终只是纸上谈兵。

1932年7月，陈果夫被任命为国民政府导淮委员会副委员长。当时，陈果夫因为身体原因已经卸任国民党中央组织部长一职，而所任的监察院副院长又是一个闲差，所以接任导淮委员会副委员长后，立即着手研究工程动工、筹款及如何配合等事宜。由于工程耗资巨大，他亲自到中英庚款会借钱。经过不懈的奋战，顺利完成了导淮的前期工程。由于江苏省在导淮工程中有特殊地位，陈果夫来到江苏后，马上开始了导淮工程。

当时，身为中央常备学校教授的刘振东曾提出“先聘专家，作整个计划，然后动工”的建议。陈果夫以为不妥，他觉得“导淮”是百年大计，作“整个规划，非十年不成，若持计划完成再兴工，

※ 陈果夫总是梦想有朝一日还能进入国民党中央，在那片天地里一施拳脚，可蒋介石却在处处压制着他。陈果夫的壮大，便是对蒋介石的威胁。

不如将其中决无问题，众议金同之事先做起来”。后来的事实证明，导淮工程能在抗战前开始就做得卓有成效，陈果夫的决断起了关键性的作用。

陈果夫导淮的思路比较清晰，他认为“首应除害”，“次应兴利”，除害“以排洪工程为优先”，兴利“以航运灌溉工程同时发展”。导淮入海工程本来是要等导淮入江工程完成后，再根据资金筹备情况选择适当时候进行，但陈果夫认为这样太慢了，决定先实施导淮入海工程。1934年11月1日，导淮入海工程举行破土典礼。

1935年底，江苏段导淮的宏伟工程全部完工，陈果夫谢绝宾客，坐在灯下，开始撰写记录这一宏伟事件的墨宝，不让历史留下遗憾——《导淮之过去与未来》。

陈果夫开章明义地写道：“我认为讲究水利，一定要懂得水的三种力量：第一是渗透力，第二是冲击力，第三是浮载力。这三种力量都能尽量利用，使它发挥到最大的效用，才能算是水利。”

写到得意处，陈果夫还禁不住地哼起自编的《导淮入海歌》来：“淮河！淮河！利我江北乎？害我江北乎？……我无能力，我为水用。我善用我力，淮水为我操纵……大家齐用力，为了大家安乐与年丰！大家多用力，为了永久安乐与年丰……”

陈果夫写得十分兴奋，一直写到半夜还不休息，在夫人的再三催促下，他才勉强躺下。睡了一觉，到第二天中午继续开写，可谓是废寝忘食。这天，正赶上导淮委员会秘书长沈百先先生来串门，看到了陈果夫这种干工作不要命的劲头儿，甚为感动，回家便写出了《果夫先生与导淮》一文作为纪念。沈百先拿着文章让陈果夫看，陈果夫一看，全是赞美之词，自然十分高兴。

1937年4月，导淮入海工程终于大功告成。这天，陈果夫在众人的陪同下，乘飞机兴致勃勃地巡视导淮工程。他坐在窗口，鸟瞰苏北平原，心情格外舒畅。这时收音机里又播出了陈果夫自编的《导淮入海歌》来，更令他欢喜异常。

然而，陈果夫的好心情还没保持一年，便被花园口的一声爆响，炸得灰飞湮灭。1938年，日本侵略军从东海岸入侵，占领了徐州，国民党政府为阻止日寇进军的步伐，在郑州附近的花园口将黄河南堤炸毁。滔滔河水破堤而出，再次冲进淮河，50多万人化为鱼鳖，而陈果夫的导淮功绩也荡涤殆尽。辛苦四五

※ 陈果夫在主政江苏时，推行了警政改革。

年的导淮工程，却在一夜之间化为乌有，为此，陈果夫痛心疾首地哭了。

早在任导淮委员会副主席时，陈果夫就专门成立了土地处，以地养河，以河兴地，钱没花多少，水利工程一座座建成。他不顾自己身体虚弱，亲临三苏大地视察。在苏北地区，他亲眼看到由于水利失修，大片大片的淤地不能利用，十分心痛，就下决心修一条南北运河。这条运河西距范公堤约二三十公里，这就是宋朝以后逐渐淤积起来的土地，运河开成后，沿河的不毛之地就变为百里沃田，地价随之飞涨，开辟运河的经费也就赚回来了。

主政江苏后，陈果夫十分重视地政管理工作，就是从导淮时以地养河，以河兴地的经验中总结的。他说："外国之所以富足的原因，不外乎能善于运用'人'与'地'两个方面。我国人口众多，何以积弱贫乏？是在于不能充分利用'人'和'地'。在人的方面，未能做到人尽其才；在地的方面，没有做到地尽其利。"又说，"我国古代政治家颇有重视地政的，譬如《管子》一书内，我们看到'地者，政之本也，是故地可正政也。地不平均和调，则政不可正也；政不正，则事不可理也'。这段话就是说地政为政治的基本。"

陈果夫在江苏实行了他的土地管理提案，办理江苏省的地政，分两步进行。第一步是治标，开办土地陈报，整理财政。所谓土地陈报，就是要地主陈报他的土地，同时，就土地来查明其地主，使地与主联系起来，做到田赋不易隐匿、规避、转嫁。虽然是一种临时治标之计，但在技术上却也费了一番工夫，并且在财政上也小有成效。第二步是治本，丈量土地，整理地籍。由于从国外订购了很多测量仪器，所以到1937年下半年，江南各县的土地都已丈量完毕，很多县都将土地登记办好了。陈果夫用新式的地价税代替了沿袭数千年的田赋，是土地改革的一大创举。

抗日战争后，江苏的地政也被迫停顿，很多重要的测量仪器，以及很多在江苏训练出来的地政人才都撤退到后方。后方各省在抗战时期之所以能做一些土地丈量工作，主要原因在于他们能利用江苏撤退下来的人力与器材，正所谓"失之东隅，收之桑榆"。

陈果夫主政江苏时，正是蒋介石领导的南京政府五次"围剿"红军之时。蒋介石主张全国军事化，一切为前线，一切为"剿匪"，所以南京政府的行政统制、行政督察、行政兼任都体现出战

※ 孙中山先生毕生致力于革命事业，可他的三民主义却没能得到更好的运用。图为在广州的孙中山和宋庆龄。

※ 陈果夫勤政爱民，求实创新，在江苏的政绩斐然。图为孙中山先生的纪念会。

时特点。战时的行政督察专员制明确规定，专员兼所在县县长，便于对全区地方武装力量的统筹调动。但陈果夫大胆提出来“专员不兼县长，不兼县制，由江苏开始”，一时引起了轰动。

陈果夫说：“江苏乃非‘剿匪’省份，任何事都要求实，不应一刀切，专员还是以不兼县长为宜。因为设立一个制度，首先要求名副其实。省县之间既增加了中间督察一级，就要使它名副其实地发挥督察及层次节制的效用，倘使兼县，专员一方面是高一级的督察者，一方面又与其他县长为平行的同僚，结果一定顾此失彼，起不到应起的作用。”

陈果夫的观点提出后，立即有人举起“棒子”给予抨击，而蒋介石也很气愤，但他没有明确表达，只是放出风声，于是引发了一场激烈的大辩论。面对两派言辞激烈、火药味很浓的争论，陈果夫认为吵架不能解决问题，真正解决问题还要靠实践。于是，在双方争执不下时，他在苏北地区开始了专员不兼县长的试点示范。

陈果夫因地制宜的行政督察专员制度，实行下来确实比旧制好，蒋介石看了试点报告很高兴，大笔一挥作了推广的批示。先向苏南地区推广，而后向全国推广，后来成为全国通行的制度。

在警政方面，陈果夫也十分重视，投入了很大精力。他说：“警政是内政的骨干，国家的内政要上轨道，必须要从健全警察制度开始。”当时，蒋介石正在前方“剿共”，“大敌”当前，陈果夫的警政改革和健全，当然也离不开“反共防共”的重要内容，如保甲制度、联防制度等。

陈果夫推行的保甲制度，是始于宋代的一种治安制度，他来了个“拿来主义”，把它用于强化警政。保甲制度主要是通过十户一甲、十甲一保的编组，由大到小，深入基层，把“防共反共”的任务和责任落实到每家每户中去；用“管、教、养、卫”的方式，实行“联保连坐法”，必要时，还可以编组民团，维护治安。这种保甲和联保制度，带有浓烈的“防共反共”的色彩，是陈果夫死心塌地跟随蒋介石，坚持“与共为敌”的罪证。

这种保甲制度使蒋介石闻到了“腥味”，也很快得到了他的赞许，要陈果夫不遗余力地去做。1934年4月，陈果夫先从苏北地区试点开始，而后向苏南各县推广实行保甲联防制度。与此同时，还要求各县强化壮丁训练，充实保安团队，然后与治安警察合编成地方保卫队，以增强“防共抗共”的力量。在此基础上，成立了江苏省保安司令部，陈果夫摇身一变成了“大司令”，圆了他的军阀梦。尽管这“军阀”桂冠不像人家那样说来硬气，但是他身后毕竟有60万保安队伍呢！“党阀”加上“军阀”，陈果夫沾沾自喜。

1934年春，陈果夫凭借早年经营金融的经验，设计了一整套金库会计制度，并予以实行，严格堵住了财务漏洞。他指定江苏农民银行代理省、县金库，规定所有收支，一律在此办理，各机关只留少量备用金，这对各级官吏是一个严格的限制。会计制度初行时，方方面面持消极态度的很多，试行一段时间后，优点不少，大家才改变态度，由消极变为热烈拥护。

过去，各地财务混乱，一旦县长大人调任，财务交代成了大问题，有清不完的账、扯不完的皮，拖几个月乃至一年的现象，屡见不鲜。新的会计制度实行后，遇到调任，可以随走随交，最多只需一个月。这样一来，效率大大提高，同时也大大压缩了营私舞弊的时间和空间。

合作事业是孙中山民生主义的具体体现，而陈果夫早年在上海经商，富有商业经验，主政江苏时则把合作事业的思想付诸实施。他提出了一个响亮的口号“人人为我，我为人人”，把散沙般的农村、乡镇组织起来，名曰“合作社”。

在吴县，设有光福合作试验区，推广蚕丝合作；在江南的丹阳、江北的淮阴，分设两个合作试验区，前者推行以信用合作为中心的乡镇综合性的合作组织，后者以推行猪畜运销保险为主的专营合作组织；辅导各种土特产的销售，如徐州、南通的棉花，宿迁的金针菜，无锡、吴县的丝茧，吴江的丝绸等；组织运销合作社，由省农民银行设立信托部，供应低利资金，并由中国合作学社在上

※ 在蒋介石的权术中，他总是让那些他已利用完毕并失去兴趣的人互相争斗，而自己则处于旁观的位置，这套路似源于兵书三十六计里的隔岸观火。

※ 在“蒋家天下陈家党”的一方天地里，陈果夫可是游刃有余的。

海设立批发部，代办销售业务，即自货品生产后，凡集货、分级、包装、运输、奖金调剂及出售，全由合作机构办理，可免除中间剥削，以确保生产者得到生产的全部利益。

1938年，江苏成为沦陷区，陈果夫念念不忘合作运动滋长的沃土，并将经验总结为“一个基础”、“一个原则”、“五类合作”，即“合作社为三民主义的基础”，“互助为合作最高原则”，“五类合作”为“工业合作”、“农业合作”、“交易合作”、“银行合作”与“保险合作”。

陈果夫第一次向省府职员讲话时，内容非常简单，大意是：一、一切遵照宣誓词实行；二、前任做得有成绩的事，决萧规曹随，不轻易变更；三、做事必须科学化；四、一切工作必须切实。“切实”两字，陈果夫特别说了几遍。

后来，陈果夫参加孙中山先生的纪念会。大会在开幕前，由司仪倡导为民主革命的先驱孙中山先生肃默3分钟。可是不到1分钟就静默完毕，陈果夫满脸严肃地说：“我们要兴政，就要从‘求实’做起，从小事着眼，以小见大，静默3分就是3分，这叫求实。不可2分59秒，也不可3分01秒。准时到准时退，从事建设不求实不能成功，马马虎虎的习惯必须革除。”讲完后，他命令司仪立正，看准表，让会议重新开始，静默了3分钟。这件事充分体现了陈果夫的“求实”作风。

陈果夫为了落实强省兴政的大计，深入江南水乡，体恤民情，为民办事。冬季的一天，陈果夫一行在县城一家饭店吃饭。饭店对面有一家布店，布店的老板是浙江人，十分强横。正巧一个乡下挑粪的老汉在布店门口滑倒了，桶里的粪便溅了出来。老板恶狠狠地要老汉脱下破棉袄把地擦干净。寒冬腊月里，老汉冻得不行，可是却又敢怒不敢言。很多人围过来看热闹，但谁都没有说什么。

陈果夫看不下去了，他从人群中站了出来，说：“老大爷，天冷，你穿上袄子，那柜台里有的是布匹，你拿一匹布来擦！”老汉看看凶狠的老板，哪里敢动。

布店老板看陈果夫高高的个头，瘦削的脸庞，长得白净斯文，身后又有提包的跟着，知道他有点来头，听口音是浙江口音，就说：“客官，我们是同乡，你就甭管这闲事啦！”

正在此时，县长来了。县长是在城门迎接陈果夫主席的，听说陈果夫已微服进城，就赶忙进城来找。一见正是陈果夫一行，就说：“陈主席，敝地一方，任你查处，如有不规，你就发话办吧！”

老板一听是主席，不敢说什么，于是陈果夫就让老汉走了。

过了三天，陈果夫要走了。老板气不过，就在店门前贴了一张白纸长条，上写："虎走山还在。"

陈果夫从门前经过，瞥眼看到"虎走山还在"的长幅，就对送行的县长说："我这里也有幅字，劳你的神，贴到我那同乡的布店门前。"县长忙接了过来，拿到布店门前贴上，只见陈果夫写的是："山在虎还来。"

老板一见，吓得出了一身冷汗，从此不敢作恶。

※ 蒋介石与老友素来谈笑风生，可对部下，他从来都是一脸的威严。

这事一传十，十传百，整个三苏大地传得沸沸扬扬。

此外，陈果夫在江苏还将“食文化”发展到了顶峰，他集“江苏菜”之大成，创造了“天下第一菜”。

1934年秋，陈果夫在江苏省举办了一个全省物品展览会。会上，他看到江苏省各县物产甚丰，可供饮食的特产更是美不胜收，于是便想创造出一种“江苏菜”来，能够像当时的“京菜”、“粤菜”、“川菜”一样流行。

陈果夫定下了创造“江苏菜”的几个原则：第一，必须是江苏的原料，江苏的做法；第二，要是各县的名菜，并且要名副其实；第三，要充分表现江苏特有的风味与格调，使人们在吃这菜时，能联想到江苏文物之盛，物产之丰。

半个月后，就在展览会闭幕的那一天，陈果夫终于尝到了他理想中标准的“江苏菜”，十分高兴。只见宴会里的一花一木，一器一皿，都带着浓厚的江苏色彩，例如饮的是江苏名茶“碧螺春”、“雀舌”等，喝的是“洋河高粱”、“海门葡萄酒”、“南翔郁金香”、“金坛黄金酒”等7种江苏酒，吃的是江苏水果“萧县石榴”等四种。至于菜肴，则共有30余种，如六合龙池鲫鱼、南通鱼翅、如皋火腿、枫泾蹄筋、镇江鲫鱼、扬州狮子头以及常熟酱鸡、南京板鸭、江阴凤凰包鸡、太仓肉松、高邮双黄蛋、淮阴鳝鱼、常州酒酿圆子、苏州熏鱼、无锡排骨等等，真的是洋洋大观，“舌”不暇接。

这次宴会集江苏菜肴之大成，最后经过品评，确立了标准的“江苏菜”，并创造了有名的“天下第一菜”。陈果夫写了一篇《天下第一菜颂》，辞藻甚美，把“天下第一菜”的种种好处淋漓尽致地表达出来了。

《天下第一菜颂》如下：“是名天下第一菜，色声香味皆齐备，宴客原非专惠口，自应兼娱眼耳鼻。此菜滋补价不贵，可代燕耳或鱼翅。番茄锅巴鸡与虾，不独味甘更健胃。燥与湿兮动与植，中外水陆品类萃。勇能赴敌屈能伸，因物尤可激志气。我今郑重作宣传，每饭不忘愿同嗜。”

明争暗斗

蒋介石的嫡系可以分为三派，分别是黄埔系、CC派、政学系，三派都为他立下了汗马功劳。在国民党内取得绝对地位后，蒋介石就玩起了以派治派、分而治之的权术，以利于他独揽大权。所以，CC派与政学系、黄埔系及其他对手之间的斗争不仅始终没有停止过，而且涉及党务、文化、金融等众多领域。

以陈果夫、陈立夫为代表的CC派帮助蒋介石打垮了西山会议派、丁惟汾派、汪精卫派、胡汉民派后，形成了“蒋家天下陈家党”的局面，垄断了国民党党务。二陈身居高位，难免会和蒋介石有些冲突。于是，蒋介石在忠于自己的党棍中给二陈物色对手，并不断调整二陈的职务，以打破他们垄断党务的局面。

CC派与政学系的矛盾由来已久，两派的斗争持续了20年。政学系虽然下层基础不如CC派强，但有以黄郛、张群、杨永泰等为首的上层人物，使CC派在政治发展上受到强有力的牵制。

1929年3月，张群出任上海市长。上海是CC派势力最集中的地区，张群居然跑到CC的地盘来，自然不会有好下场。在二陈兄弟的授意下，CC分子设计把张群整治了一下。

“九一八”事变后，上海各阶层抗日情绪高涨，学生罢课、工人罢工，游行示威如火如荼。一天夜里，八名学生请愿代表突然失踪。整个上海市的学生都被激怒了，成千上万的学生从四面八方把上海市政府包围起来，要求立即释放八名学生代表。张群对此事一点也不知情，也不知道八名学生代表的下落，当然无法满足学生的要求。于是，张群陷入学生的重围之中。情急之下，张群打电话向蒋介石告急。

※ 蒋介石实属演技派的演员，当年他抱得美人归时，本已心里乐开了花，而脸上却是一副深沉样。此种演技，他不仅用于生活，政治上更胜一筹。图为蒋介石与宋美龄。

※能在政坛上一直呼风唤雨春风得意，总让某些人无限神往，但是却又很难达到的境界。图为张群。

根据经验，蒋介石断定此事为陈氏兄弟所为，立即召陈立夫、徐恩曾进见。但二人信誓旦旦表示对此一无所知，蒋介石就怀疑是中央组织部调查科上海特派员黄凯所为，把他大骂一顿，限令黄凯立即放人。黄凯没有抓人，情急之下想出了一条营救张群的妙计。他以特派员办公室的10余人为核心，并借用一个警察大队，全部换上便衣，还调动捕房中学的300名学生，打着学校旗帜浩浩荡荡开到市政府，并高呼“打倒国民党”、“打倒日本帝国主义”、“释放代表”等口号。乔装打扮成学生的特务王斌冲上市政府大楼，一把拉住张群市长，低声说：“是自己人。”张群仔细看了看王斌面孔，认出后才定下神来。在王斌冲上来之际，张群的卫士差一点开枪把王斌打死。特务们把张群救出重围，转移到了安全地方。

1932年1月，张群辞去上海市长，由政学系另一大佬吴铁城担任。与张群不同，吴铁城是个多面人物，对CC派在上海的活动采取合作态度。所以，他的市长位置一直做到1937年3月，是国民党统治时期历届上海市长任职最长的一位。

江苏省在南京国民政府时期一直具有很重要的地位，1933年10月，陈果夫当上了江苏省主席，就乘机发展CC派的势力。CC派上上下下对陈果夫出任江苏省主席兴奋异常，因为省主席手下可以安排几百个大小干部，他们早就望眼欲穿，盼着能跟随陈果夫到江苏谋个一官半职。所以，陈果夫在他拟定的省政府名单里，几乎清一色的都是CC派成员，如省政府秘书长程天放、民政厅长余井塘、建设厅长沈百先、教育厅长周佛海等。

陈果夫将名单电报给在南昌的蒋介石请求批准，却不料一连去电两次，蒋介石都没有回电。陈果夫明白，每次蒋介石对部下的报告或方案“留中不发”的时候，就表示他不同意。其实，这是蒋介石的另一派系政学系头目杨永泰在背后捣鬼。他看了名单全是CC派的人马，当然不想让CC派独占江苏这个肥得流油的省份，当即向蒋介石进言：“江苏民政太重要了，余井塘是书生，缺乏政治经验，不及辜仁发。”

蒋介石也觉得CC派色彩过于浓厚，加之余井塘是个党务官僚，一下子主持一省民政，不合传统，于是直接向陈果夫下令，将余井塘换成政学系的辜仁发。民政厅长是省政府二号人物，仅次于省主席，在清一色的CC派地盘里掺进辜仁发这个政学系的大沙子，CC派当然十分不痛快，就决定非剔除掉他不可。

于是，一场官场闹剧在江苏省省会镇江上演了。

※ 政坛风云诡谲，能够立足，自然需要一番定力。图为康泽。

辜仁发在北平时，曾纳了一个叫李淑云的女子为妾。上任民政厅长后，辜仁发把原配妻子及其子女安置在南京落户，而把年轻貌美的李淑云带到镇江。陈果夫知道此消息后，命人送给李淑云2万元，要她向辜仁发保举刘悼云为无锡县警察局长。李淑云见钱眼开，不知道这是CC派专门投下的毒饵，刘悼云由此也就顺利地当上了无锡县警察局长。

谁知，刘悼云的任命状一拿到手，转脸就检举辜仁发受贿。陈果夫于是发动CC派控制的宣传机器大肆宣扬。政学系为保辜仁发过关，把责任全部推到李淑云与民政厅一位科长身上，而极力撇清与辜仁发本人无关。CC派誓不罢休，加大进攻力度，把辜仁发的原配夫人接到镇江，代她向法院控告辜仁发犯了重婚罪。

辜仁发以为自己背景硬，来头大，没有把小小的地方法院放在眼里，拒绝到法庭。法院都是CC派的地盘，他们干脆一不做，二不休，居然公开通缉辜仁发。CC派把持的宣传机构也开足了舆论机器，甚至连《中央日报》也在陈氏兄弟的授意下发表言论予以攻击。至此，政学系的头子们被压得再也不敢为辜仁发开脱，甚至连蒋介石都被堵得不好再说话。

辜仁发这下没办法了，就向陈果夫留下一个辞呈后，连夜仓皇出逃，回家乡山西五台山做和尚去了。堂堂的江苏省民政厅长竟然在派系斗争中弄得无处藏身而遁入空门，可算是一大奇闻。从这件事也可以看出，以陈氏兄弟为首的CC派手段之厉害。1934年4月14日，辜仁发被明令免去江苏民政厅长职务，由陈果夫暂时兼任。不久，余井塘如愿以偿坐上了江苏民政厅长的宝座。

4月17日，陈果夫在省政府纪念周上，专门做了一个报告，将辜仁发作为“反面”典型，讲了一番“沉痛”的话。他说：“诸位！省府最近数星期中，发生了辜厅长的一件事，诚属不幸！辜厅长来苏数月，工作努力，竟因此去职，很是惋惜！现在中央已准他辞职，并命我暂时兼任，我以责任所在，也顾不得身体的衰弱，只得勉力暂时兼理。自此事件发生之后，我们觉得在政治上工作的人，不仅本身一切行动要更加检点，即一切家庭的关系，也须特别

※ 一个一生都想统治中国的人，却终老他乡，他的梦想永远地成为了“梦想”。

注意。没有结婚的，于择偶时尤须审慎；如果一时犯错误，娶妻不贤，日后她做了坏事，还要你自己负责，还是你自己受苦。在辜厅长辞职前一天，我觉得他精神上的痛苦达于极点。所以一般青年，于择偶时须得留意，以免后悔。”

“沉痛”之后，陈果夫又借题发挥，还要求女子做贤妻良母。他说：“女子主持家务，对丈夫在外面所做的工作，绝对不可干涉，除非她们自己有能力去参政。然而即使参政了，与丈夫的政治工作各有职守，也须分别清楚，不能混为一谈。在外国做了行政长官，虽然有时偕同其夫人同出同行，但是这是私人的关系；一遇办公事，夫人就走开，不问一切。现在文化日高，当然要使女子懂得政治；不过要她们懂得，并不教她们去干涉丈夫分内的事。在政治上负责者的夫人，懂不懂政治，尚在其次，最要紧者还是在尽贤妻良母的责任，使丈夫能专心在外工作；否则，家治得不好，丈夫内顾分劳，就算不得是个贤内助了！”

辜仁发事件后，CC派和政学系之间的矛盾越来越深，一直没有停止。二陈兄弟不断攻击政学系的头目杨永泰、黄郛等，最后杨永泰被刺杀，黄郛背上卖国贼的罪名被迫辞职。虽然在与政学系的斗争中，CC派占了上风，但在与黄埔系的斗争中却处于下风。

所谓黄埔系，就是黄埔军校师生组成的国民党政治派系，其组织为复兴社，统治领域在军队、警察、宪兵及军统特务系统。而CC派的领域在党务和文化教育方面，按理说CC派和黄埔系不会发生冲突，但事实不然。黄埔系认为，蒋介石的天下就是黄埔系的天下，CC派不能独霸文化教育部门，就以此与其争夺地盘。

1933年12月，复兴社骨干萧作霖在南昌成立中国文化学会，奉蒋介石为名誉会长，自任书记长。中国文化学会标榜以“三民主义为中国文化运动之最高原则，发扬中国固有文化，吸收各国进步文化，创设新中国文化”。之后，萧作霖又到上海会同刘炳黎筹备中国文化学会上海分会，广泛征求会员，不到一个月就征集到七八百人入会。随即，他们举行中国文化学会上海分会成立大会，在上海打开了局面。继上海分会后，浙江分会、河南分会等也相继成立。

为了把上海变为复兴社的文化阵地，萧作霖把《青年与战争》周刊、《中国革命》周刊迁到上海继续出版，同时将在南京出版的《流露》文艺月刊改为《中国文学》月刊迁到上海出版发行，还新办了一个《文化情报》周刊，加上原在上海发行的《前锋》月刊，复兴社在上海掌握了六个刊物，声势相当大。

复兴社成立中国文化学会，使CC派措手不及，于是向蒋介石申诉，复兴社插手不应由复兴社去搞的文化教育界工作，窃取CC派原采用的“中国文化学会”名称，要求蒋介石告诫复兴社并勒令他们停止继续活动和取消有关“中国文化学会”的一切活动。但蒋介石有意让复兴社和CC派斗，并没有采纳CC派的请求。于是，CC派与复兴社在文化教育界的一场恶斗在所难免了。

上海是CC派和复兴社斗争的主战场，双方在大学教授和文化界的“名流学者”中展开了争夺战。但是，复兴社文化学会的锣鼓却敲得更响，活动更积极，特别是文化学会吸纳了大批大专学校的学生为会员，比CC派文化建设协会搞得热闹得多。复兴社甚至不把CC派放在眼里，到处对他们进行挑战。在其他地区，CC派与复兴社的争夺也同样十分激烈。凡是CC派伸手所及的地方，复兴社也一定要跟着伸手去进行争夺。

但是，CC派很快就找到了报复的机会。1934年6月，南昌机场发生失火案，国民党刚从意大利购来的十几架霞飞式轰炸机被烧毁，后来查明是航空署署长徐培根在上海做投机买卖，亏空了300多万元，无法弥补，于是纵火焚烧车库，借此妄作报销、填补亏空。不料因天气太热，大火失控殃及航空仓库，致使飞机烧毁。徐培根在事情败露后，向邓文仪行贿10万美元，让邓文仪做了一个假报告呈给蒋介石交差。真相查明后，蒋介石对邓文仪极为恼火。陈立夫见机会来了，趁机火上浇油，向蒋介石控诉邓文仪以中国文化学会名义大肆招摇撞骗，在文化界引起了许多不良影响。于是，蒋介石在一怒之下，不仅撤销了邓文仪的南昌行营调查科科长职务，而且下令解散中国文化学会及所有分会。复兴社发起的文化运动为时不到一年就被强令取消。从此，文化教育界又成为CC派的天下。

1937年10月，为了进一步笼络全国青年，蒋介石开始酝酿在国民党之外成立三民主义青年团的组织。当时，陈果夫、陈立夫兄弟把持的国民党已经名誉扫地，为了保证三青团的感召力，蒋介石极力想使它与国民党保持距离，以免给人留下恶劣印象。在以蒋介石名义发表的《告全国青年书》和《三青团团章》中，只字不提与国民党的关系。

1938年7月9日，蒋介石宣布三青团中央临时干事会成立。在三青团中央临时干事会各单位主要负责人及其处长以下的各组组长中，复兴社分子都占了优势。三青团组织处处长康泽通过分布在各处和各组的复兴社分子，在人事安排上坚决排斥CC派。在各高校设立的三青团分部中，康泽尽可能地安排复兴社分子担任主任，而最注意防止的是CC分子，这让身为教育部长的陈立夫十分难堪。

在蒋介石的扶植和纵容下，复兴社自命不凡，唯我独尊，根本不把CC派放在眼里，态度十分骄纵。他们极力强调三青团的特殊地位，并利用三青团组织的独立性，处处与CC派掌握的国民党组织相对抗。他们互相争夺成员，扩大自己的势力，以致酿成

※ 宋子文代表国民政府与英国代表签订《中英新约》，它的签订表明了中国在国际上的地位有所提高。

※ 当蒋介石苟存于一岛时，即使他用再先进的望远镜也是“西北望长安，可怜无数山”。

冲突。有人描述说："党团部均不管年龄大小，均吸收新分子，由吸收而争夺，由争夺而攻击，由攻击而诋毁，由此形成党与团的对立。"抗战时期，复兴社和CC派的矛盾已经成为国民党政权的不治之症。

CC派不仅和政学系、黄埔系在党务、文化领域斗得不可开交，而且在CC派内部，蒋介石也在忠于自己的党棍中给二陈物色对手，以打破他们垄断党务的局面。

1935年12月，蒋介石不顾陈果夫的反对，把张厉生推上了国民党中央组织部长的位置。陈果夫在组织部经营多年，树大根深，而张厉生又多年为陈果夫手下，虽然他想给组织部带来点新气象，但并不敢对二陈的人马动手术。张厉生的后台是陈诚，属于军界，而在国民党内却没有强硬后台，战战兢兢地坐在组织部长的位置上，一直未敢对二陈动手。

张厉生未敢向二陈开刀，但陈果夫却一直对他耿耿于怀。1939年11月，国民党第五届六中全会期间，陈果夫亲自出马，上书蒋介石，要求张厉生下台，同时推荐朱家骅。蒋介石此时也对张厉生未完成他的意图不满，同意由朱家骅出任组织部长。

但这次陈果夫却看走眼了，迎来的朱家骅却成为自己的冤家，成为CC派的拆台人。

朱家骅，浙江湖州人，本是二陈兄弟的湖州小老乡。1926年戴季陶任广州中山大学校长时，推举朱家骅为副校长，以后升任校长。南京政府建立后，朱家骅曾任中央大学校长、教育部长和交通部长。他颇受戴季陶、张静江、吴稚晖等国民党元老的重视，于是在国民党官场的行情也日渐看涨。开始时，二陈兄弟和朱家骅关系还不错，是想利用朱家骅和戴季陶的特殊关系，让戴季陶在蒋介石面前说点好话。而朱家骅也因为自己立足未稳，和二陈始终保持着良好的关系。陈果夫推荐朱家骅任组织部长，一方面是拉拢他，另一方面也是为了赶走张厉生。

蒋介石对朱家骅敢干敢为、能干能为的作风也非常赏识，他觉

※ “其介如石”的蒋介石面对九鼎自是喜不自胜，可激起民怨时，却只能掩饰心中的不愿，而怒发冲冠了。

※ 蒋介石一直宣称三民主义，可他的“三民主义”与孙中山先生的三民主义却背道而驰。

得交给张厉生的任务已不能完成，要给二陈在党务系统内树立一个反对派，得让朱家骅来干。这样，朱家骅就接任了国民党中央组织部长一职。

朱家骅接任后，对丁惟汾的“大同盟”分子、改组派遗留成员以及少数胡汉民派分子，一并收揽，唯独对CC分子大加清洗。陈果夫看到此种情形，对受了排挤的CC分子大发牢骚：“朱家骅太不像话，怎么单对我们的人开刀。而我们的人也有些失节之徒跑到朱家，真是人心大变。”而他却不知道，朱家骅的后面有蒋介石的默许和戴季陶的支持。

朱家骅收揽人力，不管过去和自己的关系如何，只要现在帮助自己反CC派，就一并收入，甚至对被他取代的张厉生手下人员，也企图拉为己用。他所组成的反CC派阵营诸如“大同盟”、“改组派”分子，长期被CC分子在各地压得抬不起头，这次有朱家骅撑腰，立即反攻，无论在什么地方、什么部门，朱家骅派和CC分子皆互不相容。

朱家骅虽然咄咄逼人，但最后却因为一次献鼎事件被CC派抓住辫子而彻底搞垮。

1943年1月11日，中国与美国、英国分别签订《中美新约》和《中英新约》，宣布废除历史上强加给中国的不平等条约，取消在华特权，这无疑是中国近代外交史上的一大胜利。对此，蒋介石特别得意，以民族英雄自居，而国民党的一些政客也决定借此为蒋介石歌功颂德。

国民党中央组织部提议向蒋介石献九鼎，九鼎在中国古代社会里一直是象征国家政权的传国之宝，其用意不言而喻。中央组织部

※ 当时腐朽的政坛上，尔虞我诈成为达到目的的最有力手段，结局便是有人仰天长笑，有人一败涂地。图为张厉生。

※ 朱家骅坐在了国民党中央组织部长的位子上，便也坐在了蒋陈势力相争的火山口上。

部长朱家骅拍板将此事决定下来，并向蒋介石做了报告。对此，蒋介石不置可否，实际上是默许了。从1943年2月到9月，九鼎始告铸成。九鼎形式大小、花纹一模一样，每个鼎高约30公分，重约十几斤。朱家骅等人决定于11月7日中央训练团举行开学典礼时“向领袖恭献九鼎”。为了使献鼎时不出现差错，他们还在11月6日进行预演。

预演那天，由何应钦“受鼎”，而蒋介石正在开会。当演到进献第三只鼎时，后台走上来一名侍卫官说：“委员长有请朱部长。”朱家骅一听，立即赶到蒋介石的会议室。而此时表演礼堂里不知出了什么事，鸦雀无声。不一会儿，朱家骅哭丧着脸走到主席台前，举手一挥，台下的代表、礼仪小姐都连忙退去了，何应钦等人灰溜溜地到台下站立。

※陈果夫对金融本就窥视已久，故想取孔而代之。但他忘了孔身后那位支持他的美丽小姨子宋美龄可是无人敢惹。图为宋美龄。

这时，蒋介石走上主席台来，在主席位就座，怒气冲冲地说：“今天的这种行为，是给我一次侮辱！这种做法，不仅给我侮辱，也给党侮辱，怎样对得起总理在天之灵呢？”稍停，他不得不又虚情假意地说道：“代表们远途跋涉，辛苦了。这件事，是我们中央负责人做错了，我也有责任。我看到签呈（指朱家骅关于献九鼎的呈文）时，没有批‘可’，只批了一个‘阅’字，意思是做一点纪念品是可以的，而你们这么劳民伤财，轰动全国，实在是愚蠢无知。”

蒋介石为何突然翻脸呢？原来在铸鼎和选礼仪小姐献鼎时，消息已不胫而走，闹得陪都重庆舆论一片哗然。楚子问鼎的故事很多人都知道，问九鼎就是想做皇帝，因为九鼎象征九州，有了九鼎就是有了九州，就是有了全国。蒋介石当然知道这个故事，但他思想守旧，暗示他的部下献九鼎，其动机可想而知。现在引起舆论界的轰动，蒋介石再也不好坦然接受九鼎，一场闹剧被迫收场。

对于始作俑者朱家骅来说，真是碰了一鼻子灰，成为这位学者出身的组织部长的一大败笔。而CC派抓住献鼎事件狠狠地攻击朱家骅，说他不懂得办党，把各级党部都搞坏了，特别是说朱家骅这样继续搞下去，没有方法对付共产党。这一点特别能打动蒋介石，不久就动了撤换朱家骅的想法。

1944年5月，在国民党五届十二中全会上，二陈动员CC分子在会上对朱家骅进行攻击，批评他办党务的缺点。蒋介石终于决定换马，下令免去朱家骅的中央组织部长职务，由陈果夫接任。陈果夫终于卷土重来，CC分子弹冠相庆。

通过献鼎事件，CC派搞垮了朱家骅，国民党内有些人戏言：“花了600万元，宰了一个猪（朱家骅之‘朱’），结了一个果（陈果夫之‘果’）。”

力筑陈氏金融帝国

蒋、宋、孔、陈四大家族中，以陈氏家族的经济实力最为薄弱，所以陈果夫一直想插手金融界。20世纪20年代时，陈果夫曾在上海经营钱庄，开办上海证券交易所，曾经暴富过，但后来还是失败了，陈果夫想重温当年的旧梦。

※ 蒋介石似隐藏在背后的导演，他总是让剧情顺着他的设想来发展。陈氏兄弟的势力壮大了，可蒋却担心威胁到自己的利益。

※ 政坛风云变幻莫测，为了一己之利，总会今日合作，明日相争。图为孔祥熙。

※ 孔祥熙在金融界，不言国家利益，单从自己所得而言，自是金融界的行家里手，将财富玩于股掌，使自己一夜暴富也就不足为奇了。

陈果夫冠冕堂皇地把掌握金钱、人人发财说成是孙中山的思想。他说："我记得总理在某年元旦，对同志与民众演讲的第一句话，就是普通的一句俗话：'恭喜发财。'为什么总理也要说这一句话呢？因为总理平生注重的是民生，要使大家能够发财。"

"蒋家天下陈家党"多少年来，二陈一直与"党"打交道，在经济方面一直打不开局面，一方面是因为蒋介石让他们分管的是党务，不是经济；另一方面也因为在经济方面受到宋子文、孔祥熙的坚决抵制。但是，陈果夫却对金融很感兴趣，总想以各种办法挤进金融界。

早在1932年，陈果夫、陈立夫就想插手经济。他们鼓动CC派人员向经济领域渗透，自己创办企业，做生意。但是在抗战胜利前，除了陈果夫以江苏省主席的身份操纵江苏省农民银行和全国农村合作社以外，二陈在经济方面未取得大的成就。

1935年4月1日，豫、鄂、皖、赣四省农民银行改组为中国农民银行，成为与中央银行、中国银行、交通银行三行并列的大银行之一，统称四行。此时，陈果夫的眼睛早已盯住了农民银行。1940年5月，农民银行改组扩充，经过陈果夫的一番活动，金融界的大门终于向他敞开了。10月，陈果夫出任农行董事，跻身于农行的高层决策者行列。

在董事会举行就职仪式那天，春风得意的农行董事长孔祥熙有意给了他一点难堪，他向大家介绍时说："陈果夫先生是对办党特有研究的人。"孔祥熙的用意十分明显，一个国民党的党务专家却来从事金融事业，岂不是笑话。

陈果夫也不客气，当即把孔祥熙顶了回去："我也曾经在金融界，不过落伍了约20年之久。"弦外之音就是，别小看人，20年前我是搞金融的，今后小心点。几句话说得孔祥熙倒尴尬起来，只有嘿嘿干笑几声。

出任农行董事以后，陈果夫便放下手头其他工作，专心投入到农行工作中去。1940年左右，国统区经济形势急剧变化，物资匮乏，物价飞涨，财政有崩溃的危险。蒋介石对孔祥熙渐渐失望，而此时宋子文正在美国，不能回国主管经济，而在国民党内部，既懂经济又忠诚于他的人不多，于是，蒋介石把目光投向陈果夫。

不久，蒋介石任命陈果夫担任中央银行、中国银行、交通银行、中国农民银行四行联合办事总处农业金融设计委员会主任委员。同时，又命陈果夫负责四联总处农业金融设计委员会制定扩大农业贷款、统一农贷的计划。

1942年，在陈果夫的建议下，蒋介石下达命令，规定从7月1日起，"中、交两行现有之农贷业务，应逐渐收缩，移交农民银行及中央信托局，所有农贷业务，全部移交中国农民银行接管，总计农民银行接收贷款本息共53万元；农贷区域共299个县市；农贷机构112所；农贷人员共722人"。自此，中国农民银行在法律事实上已成为兼管长、中、短期农贷的唯一中央农业银行，其业务以全国为范围，以全国农民为对象，所负使命

※ 蒋经国曾在苏联学习13年之久，从苏联归来时，他身上多的是共产主义思想，可蒋介石不遗余力，将蒋经国的先进思想扼杀于萌芽之中。

十分重大。这无疑是陈果夫的一大胜利。

在农民银行有了一定实力后，陈果夫便开始实施第二步计划，即问鼎中国农民银行董事长的宝座。要登上这一宝座，就必须将董事长孔祥熙赶下台。不久，孔祥熙鲸吞美金公债的黑幕终于败露，公众舆论哗然。陈果夫见时机到来，即借题大加发挥，风助火势、大造舆论，欲将孔祥熙置于死地。

但孔祥熙后面有蒋介石这棵大树，最后仅以辞职了事，而CC派并没捞到好处，政学系的俞鸿钧却当上了财长兼银行总裁。于是，陈果夫开始改变策略，即由倒孔到反过来拉孔，到处为孔祥熙说好话、打圆场。孔祥熙见陈果夫一班人并未落井下石，倒对他感激涕零，决定将农民银行让给陈果夫。

1945年10月，陈果夫被任命为中国农民银行常务董事长，11月1日宣布就职。这时的陈果夫好不得意，他梦寐以求独掌中国农民银行的愿望终于实现了。

上任伊始，陈果夫开始着手完善农行各项制度，公布了他亲自斟酌制订的《中国农民银行经营方针》。该方针共18条，是陈果夫历年来参与国民党各种事务的经验总结，也是他对金融行业发展方向的设想。为了表示他与前任的区别，陈果夫还亲自为农行题写了“清慎勤敏”的行风，并解释说：“一人不取谓之清，深筹远虑谓之慎，刻苦耐劳谓之勤，注重时效谓之敏。”

陈果夫费尽心机挤进农民银行，最后掌管农民银行，当然是为了构筑他的陈氏金融帝国，说白了就是捞钱。他利用分布在各地的农业供销公司，一方面以低价向棉农收买棉花，另一方面又以高价卖给厂商。这是一本万利的买卖，而且当时政府规定，由政府拨些款收购国棉，并由中央银行这一“发钞供应所”无代价地供给，农民银行转手之间便可获得大量利润。所以，陈果夫的投机生意做得又大又无风险可担。

对于杂粮及其他经济作物，陈果夫也十分重视，大搞贱买贵卖

※ 图为通商银行旧景。

的投机活动。如1947年，他们在万县、常德购进500吨桐油，周转期只有三个月，按当时上海市价，除去损耗利息外，总共盈利25亿元。同年，农行在汉口、蚌埠两地收购蚕豆4000吨、大豆300吨，四个月的周转期，盈利45个亿。他们还在河南等地大量收购杉木、桐木及木板等，运到南京、上海销售，获取暴利。

农民银行手中有了粮食、棉花、茶叶等大量农产品，就可以操纵出口业务，换取大量外汇。以前，农行并未开办外汇业务，陈果夫执掌农民银行后，由于实力增强并拥有大量出口农产品，农行被指定为经营外汇的银行之一。于是，农行更加肆无忌惮地大量出口农产品。

对于陈氏家庭的迅速崛起，蒋介石喜忧参半。一则为报陈其美当初的提携之恩，他觉得应该让陈家二虎充分施展自己的能力，但他担心陈氏家族发展太快，其他派系会有怨言。所以，蒋介石一直兼着中国农民银行理事长。这是在其他银行都没有的奇怪的职务，陈果夫对此耿耿于怀。

一天，蒋介石与陈果夫、李叔明商谈农行发展事宜时，就直截了当地说："农民银行的事，你陈果夫都可以管，但人事你不能管，农行的人事让李叔明管。"蒋介石还想用移花接木的手法将陈果夫赶出农民银行，只是陈果夫善施解数，决不退让，蒋介石也拿他没办法。

陈果夫控制农民银行后还不满足，多次向蒋介石提出建议成立中央合作金库。1946年8月，蒋介石终于做出决定，以"合作事业有利于实行三民主义"、"有助于绥靖区的恢复"为由，拨款100亿元，批准成立中央合作金库，由陈果夫担任中央合作金库的理事长。1946年11月1日，中央合作金库在南京正式开业。

※ CC派势力已过于庞大，蒋介石忧心忡忡，恐其势力的发展危及自身的安危，终要费尽心机，铲除祸源。图为蒋介石。

風飄擧俯層陰
人海清涼餘片地

※ 1938年7月9日,三民主义青年团在武汉成立，蒋介石任团长。它的成立实际是在为蒋经国培植所需势力。图为三青团成立时成员的合影。

在开业典礼上，陈果夫向大会致词：“合作制度，是资本主义及共产主义两端中间的一条中庸大道，它调和着公利与私利，公有和私有，公营和私营，而且具有计划统制之长，而无其短，所以是实行三民主义社会经济的康庄大道。”

陈果夫为什么对合作金库如此感兴趣呢？其实，他早就想在金融界压倒宋子文、孔祥熙。当时全国的金融机关中央级有六个，二陈已控制了中国农民银行，交通银行的总经理也由陈果夫的亲信赵棣华担任，中央信托局的局长也换上了CC派人物，现在又成立了一个中央合作金库，陈氏家族的发展趋势就可超过孔、宋，成为蒋介石控制金融的红人。

再者，农民银行的业务受到一定限制，建立一个合作金库就方便多了。合作是没有界限的，农业可以合作，工业可以合作，金融、商贸、保险、加工、交通运输等，哪个行业都可以合作，也就是说，只要是赚钱的，合作金库无任何限制。陈果夫就是想利用中央合作金库大肆套购物资，搞投机倒把活动。

中央合作金库一方面截留国库所拨专款，一方面大量吸收农村存款，成立不久就显示出它强大的经济实力，这使国民党内其他派系特别眼红，甚至连“太子”蒋经国都极力想挤进合作金库。他向陈果夫推荐他的信徒黄密任上海分库的经理，但陈果夫不但坚决回绝了蒋经国的推荐，而且任命CC派骨干张道藩的亲戚徐义衡任经理。为了在蒋介石面前有个交代，他又将黄密委任为上海信托部的经理，并时刻置于CC派的严密监督和控制之下。

除了农民银行和中央合作金库外，陈果夫还控制着几个私人的银行钱庄。如中国通商银行，是盛宣怀于1897年办的中国第一家银行，由陈果夫的亲信骆清华所控制；1942年成立的中国工矿银行，由陈立夫任董事长；上海春茂钱庄，由陈果夫77岁的父亲陈其业担任董事长；另外，上海大中银行、成大银行，也是由CC派的人把持着。

抗战胜利后，一大批敌伪财产需要清理接收，而当时社会秩序混乱不堪，“接收”变成了“劫收”。国民党的官僚、党棍、军官、警察等党政军警各部门的大小官员，都纷纷投入这场大洗劫中。二陈兄弟以国民党党政高级委员的身份，也参加了这场没有硝烟的战争，大发“接收”财。

由于陈果夫的积极活动，蒋介石特别允许在接收敌伪产业中划出一部分为“党营事业”。于是，很多大型的日伪企业都变成了陈果夫的党营企业，如日伪台湾银行，陈果夫不仅得到了该银行的一般资产和房屋，还得到了存在银行的大量金银财富。陈果夫还看中了山东青岛的几家大工厂，便指示手下组织了一个所谓的“齐鲁企业公司”，又以低价从敌伪产业管理局购买了全国最大的青岛橡胶厂及青岛啤酒厂等一批大型工厂。

除了“劫收”日伪财产外，陈果夫还利用其金融优势投资工商业，通过投资，逐渐控制这些企业，最后全部拉过来，成为陈氏企业。据粗略统计，截止

※ 蒋经国在赣南不仅大有作为，而且培植了一大批忠于自己的势力，为自己之后与CC派的对抗奠定了基础。

到1947年，陈果夫的农民银行共投资77个单位，投资额达170多亿元，投资领域涉及电力、机械、煤矿、加工运输、制药等诸多产业，以及文化、公用事业。二陈的这些所谓党营事业，由于有行政权力的支持和强大的金融优势，垄断原材料，垄断商品市场，欺行霸市，投机倒把，大发横财。

陈果夫从农民银行起步，由金融事业起家，利用手中职权，染指金融、工业、农林、商贸、文化等各个领域，发展党营事业、私营事业、合作事业，最后使陈氏家族成为和蒋、宋、孔相提并论的国民党四大家族之一。

二陈兄弟虽然在抗战胜利后的几年内便跻身于四大家族行列，但就个人掌管的财产来讲，他们与四大家族的名号颇不相符。他们掌握的金融、企业、事业虽规模宏大，但和孔祥熙、宋子文不同的是，这些机构中，他们的个人股份非常之少。

陈果夫担任职务虽然多，但其收入主要是薪金收入，而不是资本收益。他出任中国农民银行董事，只收出席费，出任农行董事长，主动将薪金由后来的

1200元降为1000元，兼任交通银行董事、中央合作金库理事长，都只拿出席费，不支薪水。按照当时的规矩，兼职兼薪，有多少个职位，领多少工资，人人如此，不以为怪，而陈果夫不仅不多拿，反而少拿。

陈果夫注重抓实权，但一直自视清高，视钱财为身外之物，所以他一生经手公款不计其数，但始终自诩清清白白。他自称：“我看历史，又看到亲友中的人，只有做事业的，其事业永远留存，有些人把钱看得很重，存了很多钱给孩子，或贪污了很多钱，他们死了，没有值得留念的东西。而且人总是会死的，一朝消逝，存钱无意义，可惜许多人不懂这个道理。”

※ 蒋氏父子联手，在扫除着他们建立政权道路上的障碍。图为蒋介石。

※蒋介石的政权已显示出了日薄西山之态，他对某些跟随在他身边的要员早已起了厌烦之心，陈立夫此时提出要走，蒋介石自然欣喜不已。

CC派的解体

1946年的一天，蒋介石召见陈果夫，问道："浙江省主席黄季宽要辞职，这事你听说了吗？"

对于黄季宽辞职，陈果夫确实有所耳闻，但他不知道蒋介石用心何在，就说："我现在有病卧床，当然消息也不会灵通。"

蒋介石说："我想让你去顶替黄的位置，不知你意下如何？"

陈果夫一听这话，立马不高兴了，忙说："现在可当省主席之人不少，况

※ 蒋经国虽留苏13年，可他身上更多的还是儒家传统教育留下的痕迹。

且我身体尚未痊愈啊！”

原来，蒋介石一直想将陈果夫调离中央。陈果夫从中央组织部到江苏，四年里政绩斐然，但仍不见蒋介石把他调回南京，就以体弱多病辞职。不久，蒋介石任命他为中央政治学校代理教育长，这又让陈果夫闷闷不乐。他担心自己不能在中央担任要职，有碍CC派势力的发展，但还是到任了。1938年9月，蒋介石又让他到甘肃省担任政府主席，陈果夫以战争期间不宜更换省主席为由拒绝。此后，蒋介石又几次劝陈果夫下去当省主席，陈果夫均以身体不好为由加以拒绝。但他没想到，蒋介石居然又想把他弄到地方去。

蒋介石见陈果夫总是推托，就不高兴了，说：“果夫，你受命组织部长时，可是欣然接受啊。”

※ 蒋介石独掌大权20年的高招便是：对外一致反共，对内制造派系，互相牵制，互相抗衡，而自己稳坐钓鱼台，获取渔翁之利。

陈果夫解释说："在中央任职担子轻些，尚能照顾我的身体。"

蒋介石一听这话，火更大了："你做一部分事情做得好，在中央做不好。"

陈果夫见蒋介石翻了脸，也忍不住了，他提高嗓门反问蒋介石："你说我在中央做不好，请问委座，现在中央谁做得好？"蒋介石被问得无话可答。

这是十几年来，陈果夫第一次当面顶撞蒋介石。

陈果夫不愿下去做省主席，当然不是身体的原因，他是怕被蒋介石挤出中央，使CC派失去首领而陷于衰落，虽然有陈立夫在，但毕竟孤掌难鸣。另外，陈果夫深知省主席不好当，蒋介石大搞独裁专制，一切权力都集中在中央，什么事都要请示蒋介石，省主席只不过是个代理人而已。

※ 蒋介石的两个儿子都已在政坛初露头角，为蒋家势力能绵延千秋万代，蒋不遗余力地排除异己，陈家便是其一。

蒋介石发动内战后，随着在战场上的不断失利，陈果夫对蒋介石的忠心也开始有所动摇。1946年5月14日，陈果夫在日记中写道："中国政治之不能上轨道，由于学无系统，亦无中心，学人群趋于皮毛之研究，各行其是，以至不能产生一贯之政策而成今日之局。"1946年9月24日，陈果夫又在日记中写道："政府之经济政策总行不通。一、为思想不纯正；二、有自私心者从中作弄；三、人事复杂，不能专心办事，事前亦不专心训练；四、事前未有准备；五、自欺欺人；六、人多而智识不足，三头六臂，如何可以做好。"陈果夫写的这些，显然有批评蒋介石的意思。

1947年6月4日，陈果夫在国民党中央政治会议上，对与会者说："现在情况很糟，问题不在下面，而在上面。各省主席均想做好，但制度、作风及革命工作无中心，无目标，自然会到此地步。”蒋介石是国民党的领导核心，陈果夫声称“无中心”，显然是在指责蒋介石没有起到核心作用。同时，陈果夫还对蒋介石的经济政策，以及在军事上的失败进行一定程度的批评。

陈果夫与蒋介石的裂痕越来越大，蒋介石也就千方百计地想把他挤出中央，以削弱CC派的势力。其实，以二陈兄弟为首的CC和“太子”蒋经国的势力一直有冲突，CC派已经成为蒋经国的障碍，蒋介石踢开二陈兄弟以及CC派只是时间问题，只不过当时蒋介石正忙于内战无暇顾及而已。

蒋经国的“太子系”是国民党内崛起的新派系。1939年6月，蒋经国出任江西第四行政区督察专员兼保安司令，管辖赣南11县，使赣南成了“太子”的政治试验田。蒋经国在赣南5年，还兼任了三青团中央干事、三青团江西支团部主任、江西支团部干部训练班主任、新赣南日报社社长等十几个职务。蒋经国在赣南推行其“新政”的同时，仿效其父办黄埔军校建立嫡系的办法，在赣南办“青

※ 陈家辛苦得来的天下，如一架直冲云霄的飞机正加足马力时突然没有机油，一落而下，从此“陈家党”的局势一去不复返矣。

年干部训练班”和“新赣南经济建设训练班”，初步建立“太子系”班底。

1943年7月，蒋介石任命蒋经国为正在筹备的“三青团”中央干部学校教育长，这是蒋介石让蒋经国接管三青团的重要一步。蒋经国到任后，大肆鼓吹“干校是第二个黄埔”，“干校是政治的黄埔”，“干校学生将来要在校长的领导下，追随教育长进行政治北

※ 蒋介石能在几次下野后，又重新执掌大权，依靠的便是他对敌对友的翻脸不认人。当一个功臣可能威胁到自己的利益或不可能再利用他获取任何利益的时候，蒋介石就会将其抛到一边，像丢掉一片叶子一样毫无怜悯之心。

伐，掀起第三次革命运动”。蒋介石也在训词中强调：“干校应该像当年的黄埔那样，要担负起革命的重任。”这些口号清楚地反映了蒋介石要以三青团为蒋经国接班而做的组织准备。

不久，蒋经国就当上了三青团中央干事会组织处处长，成为三青团的核心。由于蒋经国的特殊身份背景，蒋经国系的崛起改变了原来的党团矛盾格局，由原来的黄埔系、复兴社、三青团与CC系的对抗，演变成为蒋经国太子系与黄埔系、复兴社、三青团联合对付CC系的局面，CC系面对的对手更加强劲有力。

在抗战胜利后的“接收”中，CC系控制的国民党各级党部大发其财，不仅在金融界与宋子文平分秋色，而且捞到了规模庞大的“党营事业”。与CC系相比，三青团可以说是两手空空。“接收”中的分赃不均，进一步加深了党团之间的矛盾，最后发展到三青团要求独立组党，与国民党平起平坐。甚至有人主张由蒋介石兼任国民党总裁和新党领袖，而把新党交由蒋经国全权领导。

三青团要独立组党的消息传到南京，顿时震惊了CC系和国民党的一些元老。陈立夫急忙拉着戴季陶从南京赶到庐山，意欲说服蒋介石阻止三青团组党，为此陈立夫甚至向蒋介石下跪哭诉。蒋介石也认识到组党行不通，就立即放弃了三青团组党的念头。由于蒋介石的急刹车，喧闹一时的三青团独立组党运动也被迫偃旗息鼓。

国民党和三青团分别办有中央政治学校和中央干部学校，作为各自培养训练干部的基地。陈果夫、陈立夫以党团分别办校容易制造派系为由，建议蒋介石设立国立政治大学，为党国培养忠实的政治人才，同时将分属党团的中央政治学校和中央干部学校并入国立政治大学。陈氏兄弟此举是吞并中央干校的一种手段，蒋介石当然看得出来。但蒋介石也有他的小算盘，就不动声色地接受陈氏兄弟的建议，但却于1947年3月直接任命蒋经国为国立政治大学教育长。

这样一来，国立政治大学成了蒋氏父子的家校。蒋经国任国立政治大学教育长，意味着剥夺CC系控制了近20年之久的中央政治学校，国民党的干部培训大权完全交给蒋经国掌握。这是蒋介石培养

“太子”的一个重要步骤，也意味着CC派将从此绝后。陈氏兄弟心有不甘，但又不便公开出面反对，只好指使中央政治学校的一些学生闹事，阻止蒋经国上任。最后，蒋经国只好放弃控制政治大学的计划。

1947年9月，为消除党团之间的矛盾，蒋介石宣布实行党团合并。为了表示不偏向三青团，蒋介石将统一事务交给陈立夫与吴铁城、陈诚具体办理，没让蒋经国插手。但是，以蒋经国为首的大批原三青团骨干，却一跃成了国民党中央执行委员和中央监察委员，大大削弱了CC系在党内的势力。从此，“蒋家天下陈家党”的时代一去不复返了。

1948年11月，已经病重的陈果夫给蒋介石写信，提出离开上海到台湾养病。蒋介石见陈果夫确已到了苟延残喘的地步，况且也正好借此机会把他踢出政界，没加任何犹豫，当即批准。

12月6日，陈果夫启程前往台湾，前来送行的有弟弟陈立夫和CC派的头头脑脑们。陈果夫望着上海滩的万家灯火，禁不住涌起一阵悲凉与酸楚：此次离开上海，何日还能回来？也许是一辈子也回不来了……

国民党逃往台湾后，蒋介石决定改组国民党，清理门户，实际上就是瓦解二陈的CC派势力，扶植“太子”蒋经国。但蒋介石心里十分清楚，此时的蒋经国资历尚浅，国民党内部有一部分人不买他的账，如果眼下就把蒋经国摆在太

※ 在政坛上唯命是从，有时可以得到一时的安定，可长此以往，亦难以安身。图为陈诚。

※ 看着陈家兄弟，一个疾病缠身，一个远走他乡，蒋介石轻松了。CC派的势力在派系斗争中，就这样衰落了。

显眼的位置，就会形成“蜀中无大将”的局面，于是要物色一个对蒋家王朝忠贞不贰的人选，不仅能支撑眼前的局面，又能保证蒋经国的地位稳步上升。

谁符合这个条件呢？要说对蒋介石最忠诚的，莫过于二陈兄弟了。但是，二陈的CC派已经使得国民党内派系林立，甚至和“太子”蒋经国都矛盾重重，蒋介石把内战失败的责任都归罪到二陈兄弟身上，再者蒋介石的后台美国也对CC派十分不满，所以，二陈兄弟不仅不能用，而且还是蒋介石要清除的对象。

蒋介石想到了陈诚。陈诚不仅对蒋介石唯命是从，与蒋经国、蒋夫人关系也非同寻常。陈诚的妻子谭祥是曾当过“国府主席”的谭延闿的女儿，陈、谭二人结为连理，是蒋夫人亲手做媒撮合而成，谭祥还认宋美龄为干妈。从这层关系上看，陈诚也是自家人。于是，蒋介石任命陈诚为“行政院长”，而任命蒋经国为“国防部总政治部主任”。

1950年7月26日，蒋介石宣布酝酿已久的中国国民党改造案，开始了旨在重新分配上层统治权力，重建国民党组织的“改造运动”。

蒋介石心里明白，要确保蒋经国在权力再分配中得到好处，就必须排除具有实力而又是争权老手的CC系。同时，美国对CC系的反感和陈诚与CC系的争权夺利，促使蒋介石最后下定了整肃CC系的决心。还有，由于长期以来，从国民党中央党部到各级地方党部，都为CC系所控制，不清除CC系，“改造运动”都无从开始，所以，将CC系挤出党务系统，是蒋介石进行“改造运动”的首要前提和初步目的。

蒋介石知道，踢开二陈及CC系也不是轻而易举的事。一来CC系根深蒂固，兵强马壮，在国民党内部很有基础；二来自己与二陈毕竟打交道多年，交情还是有的，要把他们踢开，也要找个借口，或者寻个机会，或顺理成章，或逼他们就范。但蒋介石毕竟是蒋介石，耍手腕是他的老把戏。

从1950年6月起，凡是“中央党部”呈递蒋介石的文件，他一律不阅退还。“国民党中央常委”几次开会，蒋介石概不参加。CC分子当然明白蒋介石的意思，6月22日，CC系大将、国民党“中常委”萧铮提出全体“中常委”应主动辞职，以便让总裁实施“改造”。这正中蒋介石下怀，于是行动开始了。

此时，陈果夫的身体一天不如一天，他虽然不再过问政治，但每天都在关心“改造”的消息。但是，传来的都是让他十分痛心的消息。

7月，蒋介石下令免去陈果夫“中央财政委员会”主任的职务，裁撤由陈果夫任董事长的“中央合作金库”、“中央农民银行”，一举削去了CC派的经济支柱。同时，在召集全体国民党“中常委”谈话时，点名批评了陈立夫。

7月26日，蒋介石发表演讲，提出成立“中央改造委员会”，负责重新组织国民党，使过去庞大的组织由大改小，撤销国民党“中央执行委员会和监察委员会”，改以“中央评议会”代替，并宣布了酝酿已久的“国民党改造方案”和新的“中央改造委员会、中央评议委员会”名单。除谷正纲和张道藩外，包括陈立夫在内的相当一批CC系要员都没有入选，陈果夫只挂名为安慰性的“中央评议委员”，此时，他已是疾病缠身的垂危之人。

※ 陈果夫已缠绵病榻，而陈立夫也已对蒋失去了信心，准备远走他乡来结束他的政治生涯。从之后的形势发展来看，陈立夫淡泊名利，弃政从商不失是明智之举。

8月初，蒋介石又下令改组由陈果夫任董事长的农业教育电影公司，让蒋经国接办，这就又削掉了CC系掌握的一大舆论阵地。

这次“改造运动”，一直持续到1952年10月，历时两年多。蒋介石认为“改造”取得了辉煌成果，那就是解除了以二陈为代表的CC系的党政大权，而代之以较为年轻一辈的心腹嫡系，加强了对国民党的控制。

至此，“蒋家天下陈家党”的历史彻底结束了，二陈在国民党中的政治生命画了一个句号，二陈所领导的CC系成了一个历史名词。

※ 当时共我赏花人，点检如今无一半。回首曾经的荣辱，陈果夫多的是对流逝的岁月的感慨。

凄凉逝去

躺在病床上的陈果夫，得知“中央改造”的结果以后，病情骤然加重。他经受不住这种沉重的打击，真想大喊大叫一场，发泄心中的痛苦郁闷，但医生却嘱咐他千万不要说话。无奈之际，陈果夫便作了一首《哑巴歌》：

听得人家好说话，肚里更加不开心；
若闻笑骂声，面孔涨得红又青；
摩拳擦掌，胆小不敢争。
有时候像吃过黄连嘴里苦，
有时候像受了冤屈没处伸。
哑巴哥，不能说话苦得很。

之后，陈果夫又在表面上装出若无其事的样子，给自己写下一副对联：

合法、合情、合理，做成大事；
轻权、轻利、轻中，修得长生。

从这副对联中可以看出，不管是出于真情也好，还是出于无奈也罢，陈果夫开始淡泊权势与名利了。

弟弟陈立夫去美国前，和夫人孙禄卿专门前去看望了陈果夫。陈果夫一见和自己在国民党政坛风雨同舟20多年的亲兄弟，满肚子的埋怨都倾诉出来。

陈果夫说："我们跟着蒋家反共，20多年来，几乎把命都搭上了，结果，总裁竟把大陆失败的责任推到我们身上，现在又为了传位给儿子，将我们一脚踢开，唉！"

这时，陈立夫看到了陈果夫写的《哑巴歌》，细细读了几遍，禁不住内心一阵凄凉与愤懑，之后，便劝陈果夫："果夫兄，你现在身体成了这个样子，还能做些什么，人家不用你，也是因为你的身体不佳，这有什么想不开的？"

陈果夫接过来说："那么你呢？你年富力强，正是干事业出政绩的年龄，怎么也不给一职一权？"

此时的陈立夫在夫人的劝慰下，已经彻底淡泊名利了，他对哥哥说："我现在什么都不想了，在政坛上混够了，什么都看清楚了。我打算离开台北，到国外去过平静的日子。今天我是来向你辞行的。"

陈果夫原以为弟弟能有办法东山再起，没想到突然说出这番话来，一时感到很突然，沉默了很久，问："到国外去？小弟打算去哪个国家？"

陈立夫说："我准备去美国。"

陈果夫问："总裁批准了吗？"

陈立夫说："已批准了。"

陈果夫叹了一口气，说："看来台湾不是我们待的地方啊！也许总裁早就想让我们走了！"过了一会儿，他又问："小弟到美国人生地不熟，怎么生活啊！"

陈立夫说："我们自食其力，自己动手，还能生存不下去？"

陈果夫听罢，禁不住潸然泪下。

陈立夫也伤心地掉下了眼泪。同胞兄弟，情深意笃，此次别离也可能即是诀别。特别是弟弟陈立夫，他始终忘不了年幼时果夫对自己的关怀和照顾，四处奔波为自己跑学费，送自己赴美留学；忘不了留学期间，果夫对自己的谆谆教诲和殷切期望；忘不了自己留学归来，果夫积极向蒋介石推荐，使他顺利地走向政坛；忘不了兄弟二人在政治的风风雨雨中同心同德、你拉我扶……

两兄弟抱在一起痛哭起来……

陈立夫说走就走了，此时的陈果夫更是孤立无援，内心苍凉。为了在自己有限的生命中能给后人留下些什么，陈果夫打算写一部回忆录。他想借出书向蒋介石表白，他陈果夫一生是忠于蒋介石，忠于国民党的，希望蒋介石能以恻隐之心，对陈氏家族另眼看待。同时，他也希望这部回忆录，既是对自己"革命生涯"辉煌历史的总结，也是对国民党在大陆20多年沧桑经历的概括，能够成为一部教育后人的教科书。

陈果夫把回忆录按水利、合作、广播、电影、金融、礼俗、医药、卫生、道德、建筑、经济、计划、教育、人事、组织、政治、制度、世界大同、CC来源、党务、豪门等列出了条目，然后就开始写了起来。无奈此时的他力不从心，手总是抖个不停，想表达的话总落不在纸上，一天也写不了几张纸。

1950年9月3日，张静江在纽约病故。消息传到台湾，病重的陈果夫有一种说不出的伤感，他想起当年在上海交易所时与张静江密切交往，"大革命"时期又来往甚密，如今竟先他而去了。这时候噩耗不断传来，陈果夫的故友赵棣华、张简齐、俞松筠相继离世，这让他沉浸在无比的悲痛之中。他想，下一个

※ 妇以夫贵荣，夫已失势，依旧紧相随，言多安慰语。图为陈果夫夫人朱明。

该轮到自己了。

于是，陈果夫夜以继日地写作，无论医生怎么相劝，他也不听，甚至有时跟医生发脾气，说自己已经是要死的人了，不用再治了。1950年底，陈果夫终于完成了回忆录之一《苏政回忆》，觉得轻松了许多。

除夕之夜，爆竹声声，万家灯火，陈果夫却独坐床头，静思默想，许多往事一齐涌上心头，真是往事不堪回首。他想起自己的童年，想起从政几十年的坎坎坷坷，想起自己的恋爱、婚姻与家庭，想起与立夫的手足之情和患难与共。

多少年来，陈果夫早已养成了岁末回顾一年工作的习惯。1950年对于他来说是最不平常的一年，也是最痛苦的一年，该总结的东西太多了。他不知道该从哪里写起，就给自己做了一个大致的总结：

一、住繁华都市多年，从未入妓院、舞场、赌场之类。

二、管钱始终不将钱作为私有，或为金钱所管。

三、读书未尝为书本所困，或自以为知足。

四、管人事不作弄人，不私于人，更不自用私人。

五、做官未尝作福、作威、营私或运用政客，作因位之想，及悻进之图，我始终保持平民本色，接近商业工作，自己做到不做生意，不与人谈私利。

六、办党务工作植党之想，办教育亦然。

七、生病能摆脱烦恼，始终抱乐观与进取之心。

1951年1月15日，陈果夫从台中迁至台北市，以改善治疗条件。此时的他似乎比原来好了很多。在病榻之上，他作了《老爷歌》与《太太歌》以资消遣。

《老爷歌》写道：

※ 念往昔，繁华竞逐，叹门外楼头，悲恨相续。图为陈立夫、陈其采、陈果夫。

老爷老，脾气好。
日日夜夜困在病床上，
看书、会客、作文章，
脱衣着衣忙勿了。
有时眯眯笑，
有时嘴巴翘。
按铃叫我来做事，
还有给我吃糖了。
讲起故事来，
三天三夜讲勿了。

《太太歌》写道：

太太，太太，
难嬉闹喧，
性子急，脾气大，
吃饭吃得快，肚子常常要吃坏，
发起火来我顶怕，
高兴起来给我买个洋娃娃。

1951年4月，陈果夫的《苏政回忆》出版。在自序中他写道："我写这本小册子的动机，一则个人从政的经验，也许有可供今后从政同志参考之处；二则以后我和同志见面时，省得再讲，没有见面的同志，一编在手，亦如和我谈话，尤其从前允许向中央政校同学讲话，正可以此代替，惟延持10年，殊为遗憾。不幸此10年中间，中国政治进步甚少，此册虽陈旧事迹，或仍可供参考之

※ 人老病残，却更兼风雨，陈果夫逝世后，蒋介石的"褒扬令"倒给了凄凉的陈家一丝慰藉。似乎终究陈果夫还是国民党的功臣，而蒋介石对其似也念念不忘。

用……”《苏政回忆》的出版，确实给陈果夫带来了许多安慰。

陈果夫的病情越来越严重了，他知道自己剩下的时间越来越少了。临死之前，他将自己对政治、对社会、对人生的各种意见集中起来，写了下来，名为《铮谏之文》，派人呈交蒋介石，以表明他对国民党和蒋介石的忠心。

“鸟之将亡，其鸣也哀；人之将死，其言也善。”病入膏肓的陈果夫不顾死神一天天靠近，不遗余力地倾吐着他对国民党对蒋介石的“善言”。

1951年8月25日上午，陈果夫病势急转直下，体温骤然增高，口中发出呓语，好像要说什么，但什么也说不出来。到下午2时后，便进入昏迷状态，体温高达摄氏40多度。他面色蜡黄，呼吸微弱，口吐白沫，手向空中乱抓。

夫人朱明抓住他的手，轻声问他：“果夫，你想说什么就说吧，我在这听着呢。”

陈果夫喘着粗气，死死地抓住朱明的手。朱明把脸贴近陈果夫的脸，再一次问他：“果夫，你有什么话要说吗？你的儿女们都在跟前听着呢！”

然而陈果夫抓住朱明的手，嘴张了几次，没说出一个字，又陷入昏迷状态。

下午4时52分，陈果夫带着一生对国民党和蒋介石的功与过、荣与辱、忠与怨离开了人世，享年59岁。

陈果夫没有遗嘱，而有遗言——《铮谏之文》；没有遗产，而有遗著——《老病人谈中西医》。一生风雨坎坷，是非功过，只有后人去评说了。

陈果夫死后，蒋介石对其厚葬。9月15日，蒋介石特颁“褒扬令”：“前国民政府委员、监察院副院长陈果夫，资性弘毅，志行纯笃，缵承革命家风，效忠三民主义，越四十年如一日。溯自民前加盟，先后参与武昌起义暨讨袁、北伐、抗战、戡乱诸役，赞襄缔创，卓著勖勤，中经办黄埔军校，主治淮河水利，敬恭将事，均彰懋绩。嗣更外膺疆寄，内佐栓衡，肃政培才，弥宏实效。对于‘共匪’倡乱，尤能烛识机先，悉力防杜，冒险犯难，弗渝初志。至其匡维礼俗，研考卫生，改革地政，倡导合作，盖画良漠，有稗‘建国’，乃以优劳，触发旧迹，黄志澄逝，追怀政迹，转怀弥深！应予明令褒扬，从优议邮。生平事迹，存备宣付史馆，用彰政府驾念动庸之至意此令！”

陈果夫生前受到蒋介石的冷落，死后却备享殊荣，对陈氏家族的死者和生者都是莫大的安慰。

第三章

陈立夫私密生活影像

求学之路

1900年8月21日，陈其业与何夫人的小儿子陈立夫出生。小时候的陈立夫受到家中长辈的格外疼爱，是个无忧无虑的顽童。他生性好动，经常和小朋友们一起踢球、爬树、掏鸟窝、投石子、斗蟋蟀，经常是忘记吃饭，忘记回家，沉醉于一个快乐的儿童天国里。

7岁那年，陈立夫进入沈若臣先生的私塾，学习四书、五经。他天资聪颖，记忆力特别好，所学课文基本上能流畅无误地背出来。这种强记的功夫，对于他后来从政执掌大权也有很大帮助。

沈若臣先生的私塾共有学生三四十人，陈果夫也在这所私塾读过书。沈若臣教学认真，也相当严厉，每次学生背书时没背好，他就会用打手板打学生的手掌心。陈立夫因为记忆力好，免了许多板子。

有一次，沈先生有事离开不在课堂，陈立夫做完作业后就开始和同学们嬉闹。突然，沈先生回到课堂，见此闹哄哄的情形，怒气冲天，大加责问。同学们面面相觑，不知所云，也没人敢出声。这时，陈立夫站出来，承认了错误并承认是他带头闹的。沈先生见陈立夫诚实，敢于承认错误，就原谅了他，而将其他同学每人打了好几板手心，以示惩罚。

陈立夫的母亲从小就教导孩子要诚实，这一次陈立夫尝到了诚实的甜头。不过，从政以后的陈立夫，在那如此激烈的政治斗争的旋涡中是否还记得“诚实”二字，恐怕就要打一个大大的问号了！

小时候，还发生了一件既普通又不寻常的小事，它深深地打动了陈立夫这

※ 陈立夫出生在贫寒之家，或许就是这样的背景让他幼小的心灵萌发了奋进的思想。

位调皮而又天真的幼童的心。

每天清晨，在陈立夫上学的路上，他总会遇到一个和尚，留着长长的头发，头上还系着个铜箍，背上背着个菩萨像，在那儿走三步拜一步。开始，陈立夫对此并未太注意。但是，好几年过去了，不管是刮风下雨，还是地冻天寒，这位和尚都是走三步拜一步，天天如此，月月如此，年年如此，从未间断，从未停歇。

终于，有一天，年幼的陈立夫忍不住好奇地问他："法师，您为什么这么跪拜，从未停歇，这是什么意思啊？"

和尚答道："我要建造一座庙，所以天天得化缘，我这是去化缘，这样已有七年了。"

"您这样能盖成庙吗？"小陈立夫有点不相信。

"一定可以的，你以后就会明白的。"和尚说完，又三步一跪地赶路而去了。

听了和尚的回答，陈立夫竟一直呆立在那儿，而和尚却已走远了。

和尚的回答给幼小的陈立夫以深深的打动。他以前一直生活在无忧无虑的自由王国里，从未考虑到他自己的未来与理想，更没有考虑到怎样去实现自己的理想，和尚坚忍不拔的精神使他深受感动。从此，陈立夫变得越来越成熟了。

陈立夫12岁那年，母亲因难产去世。临终前，母亲说："我恐怕活不下去了，我最担心的就是我的两个女儿，我死后没有人能照顾她们了，她俩得自爱自立。对于立夫，倒没有什么可挂念的，因为他对人对事都能应付、处理得很好，我很放心。"

辛亥革命后，陈立夫的二叔陈其美出任沪军大都督。不久，陈其美把湖州老家的家人都接到了上海。陈立夫一家住在上海英租界跑马场附近的"马霍路"，市区的道路、洋楼、汽车，都给了从湖州小城来的陈立夫以深刻的印象。二叔陈其美虽然事务繁忙，但还不时抽出时间与陈立夫等侄儿辈的孩子玩耍聊天，并给他们讲些有启发性的故事，培养他们自立自强的志气。

在上海，年轻的陈立夫也目睹了英租界里英国人随意侮辱中国人的情形。更可恨的是，在租界公园入口处，高挂着"华人与狗不得入内"的标牌，这强烈地刺激着陈立夫幼小的心灵。在上海的这段经历，也成为促使他日后加入国

※ 日后当上国民党高官的陈立夫，可会想起他年少时，在困境中奋进的经历?

※ 1895年，经光绪帝批准，北洋西学学堂在天津大营门外梁家园成立，中国近代第一所大学北洋大学堂诞生，使天津成为我国高等教育的发祥地。

※ 北洋大学堂的毕业文凭。

民党，献身于国民革命工作的原因之一。

不久，陈立夫进入湖州旅沪公学夜校就读，专门补习英语。在那里，他与英语教师沈阶升建立了良好的师生关系。后来，陈立夫掌权后，沈阶升以师道之尊转投到学生门下当私人秘书达10年之久。

在湖州旅沪公学补习英文数月后，陈立夫考进南洋路矿学堂中学部，先读预备班，1913年正式开始在南洋路矿学堂的四年学习。他的数学、化学、物理成绩一直很优异，在校四年，有七个学期得到奖状。另外一学期没有领到奖状，是因为哥哥陈果夫结婚，他不得不缺课，这也是他上学期间唯一的一次缺课。

1916年，陈其美被袁世凯收买的刺客刺杀身亡，陈家受到重大打击，生活状况一落千丈。1917年，陈立夫从南洋路矿学堂毕业后，家中已经无力继续供他上学。但陈立夫一心想上大学，他四处打听后知道天津的国立北洋大学每学期只收10块大洋作为学费，并且免费供给课本和使用实验设备，就向继父借了2块钱，瞒着家人报名并参加了入学考试。

当时上海有几百人报名，但只录取45人。录取名单公布后，陈立夫怀着惶恐不安的心情去看榜。他只敢从榜尾看起，看了好久还没有他的名字，就在他几乎要绝望的时候，却眼睛一亮，发现自己居然考中了第五名，当即兴奋得跳了起来。

WORLD AIRWAYS
LIPPER
COUR
中
航空
ATIONAL
AVIA

陈立夫收到入学通知书，可是，家里哪里有钱供他上学呢？三叔陈其采此时已无能为力，帮不了忙；兄长陈果夫虽然为弟弟考取大学而高兴，但也无能为力。正当他苦恼万分之时，父亲却成全了他的求学之志。父亲交给了他25块大洋，并恳切地对他说："这些钱是我多年积蓄，作为你的学费，从今以后，一切就要靠自己了。"

北洋大学的前身是1895年创办的北洋西学学堂，1896年更名为北洋大学堂，是中国第一所新式大学。当时，北洋大学的大部分教师都是美国人，几乎全用英语教学，只有极少数预科课程才用中文。陈立夫的英文基础并不太好，但他天资聪颖，经过努力，英文很快跟了上来。

当时，陈立夫最牵挂的还是吃饭问题。陈果夫每月给弟弟寄6元，陈立夫用4元作为伙食费用，其余2元作为零用，真的是捉襟见肘。有时陈果夫的钱寄迟了几天，陈立夫就只有挨饿了。进入北洋大学的头两年，因为旅费无着落，暑假都留在学校自修。两年后，陈果夫在投机场上获利甚多，寄给弟弟的学费也多了起来，陈立夫经济拮据的状况才得以改观，暑假也可以返乡探亲了。

陈立夫读大学的年代，是中国历史发生巨变之时。1919年，北平爆发了"五四运动"。全国各地纷纷响应。5月23日，以北洋大学为首的天津15所大中学校约1万多名学生全体罢课。

尽管"五四运动"的浪潮汹涌澎湃，"科学"、"民主"的口号响彻晴空，陈立夫却不为之所动，而是沉湎于科学知识的海洋里。每天，除了学习还是学习，天天如此，月月如此，根本不管外面的世界，真是"风声、雨声、读书声，声声入耳；家事、国事、天下事，不关我事。"

大学毕业时，陈立夫为了写好自己的毕业论文，和同班同学回

※ 当时考取北洋大学的陈立夫，是抱着要为国家的昌盛而奋斗的，可当他进入国民党与蒋介石为伍时，当年的雄心壮志早已抛至脑后了。

到故乡进行矿产地质调查。有一天，他们正走在山中，突然乌云密布，狂风四起，顷刻瓢泼大雨直泻而下。他们全身都湿透了，加之山中大雾弥漫，如同掉进云海里一样，迷失了方向，一时不知所措。

这时，一位回庙去的和尚，见他们如此狼狈，便将他们领到自己的庙里避雨，还拿出自己的和尚服，让他们换下湿衣服。

陈立夫正要感谢这个和尚，突然觉得怎么这么眼熟。顿时，脑中跳出了十几年前那位给自己以启示的和尚的面孔。难道是十几年前在路上经常遇到的和尚？十几年光阴过去了，如今和尚竟然真的盖好了自己的庙宇。弄清了事情的原委后，和尚指着刚建起的庙宇，很动情地告诉陈立夫，一个人只要立下志向去做，没有不成功的。这又给年轻的陈立夫留下了深刻的印象。

陈立夫从北洋大学矿冶系毕业后，很想赴美留学深造。陈立夫的继祖母杨氏家中有位小名叫宝宝的独生子，一向甚得父母的宠爱。他家境富有，父亲想让宝宝到外国去镀一下金，又苦于无人陪往，当获悉陈立夫有出国计划但又苦于经费不足时，便提出让陈立夫陪宝宝出国读书，并愿意资助陈立夫的路费。陈立夫一听，当即一口答应。

1923年夏，陈立夫带着宝宝，随清华大学出国留学生100余人搭乘“杰克逊总统号”轮船，从上海码头启程赴美。临行那天，哥哥陈果夫前来送行。

兄弟俩静静地伫立了很久，心里有很多话要说，却又不知说什么好。陈立夫百感交集，想起自己就要去学习国外先进的科技知识，显得十分高兴，但又觉得自己已24岁了，却不能养活自己，只能依靠哥哥为自己四处奔波，又感到十分惭愧。他默默地对自己说：以后一定要在国外努力学习，只有这样才能不负哥哥的一片苦心！

陈果夫的心情也很不平静。他和弟弟在一起的时间并不多，陈立夫还在私塾时，他就已离家求学；后来，陈立夫到上海念中学，他那时却正忙于商业上的事；陈立夫到天津上大学后，他仍在上

※ 陈果夫几次想出国留学，但都因他事而未成。如今弟弟远渡重洋，去实现自己未曾实现的梦想。陈果夫心里有几多感慨，几多悲凉。图为陈立夫与家人的合影。

海，两人天南地北，很少见面。这次，弟弟要远离祖国，远离家乡，远离亲人，去那遥远的国度学习了，陈果夫感到高兴，又有点不安。他多么希望弟弟早日学成回国啊！他又想起自己曾经也有过出国留学的美梦，但最后都破灭了，这次能帮助弟弟出国留学，多少也弥补了自己的一桩憾事。

这时，“呜……”的一声，轮船的汽笛响了。陈果夫简单地嘱咐了陈立夫几句，挥手向陈立夫说：“船要开了，赶紧上去吧。去了好好读书，多写信回来！”

陈立夫深深地看了哥哥几眼，说：“哥哥你也要多多保重！”说罢，就转身上了船。陈果夫目送着轮船远去，直到消逝在远方……

到美国后，陈立夫听说匹兹堡大学的煤矿工程学系很有名，就带着宝宝前往匹兹堡，在匹兹堡大学正式注册入学，学习煤矿工程。

在匹兹堡大学，陈立夫学到了很多实用的科学知识，深切体会到美国注重实用教学的好处。1924年夏，陈立夫获得硕士学位，他的论文题目是《中国煤矿业的机械化与电气化》。毕业后，陈立夫又参加了矿业局的训练，并顺利通过了考核，正式取得了到煤矿工作的资格。

※ 晚年时，在儿女簇拥下的陈立夫几多欢喜，几多感慨，风雨一生，终老异乡。

※ 孙中山先生独到精辟的见解影响着陈立夫。之后陈立夫虽信奉孙先生的三民主义，但他的“三民主义”是蒋介石对三民主义的曲解，而非真正的孙中山先生的三民主义。

“开采革命之矿”

在作硕士论文时，陈立夫曾将孙中山的实业计划详细研读，深感中山先生对诸如公路、铁路的修筑，三大港口的兴建，其他各类工业的发展等等有着许多独到精辟的见解。陈立夫当时的理想就是做一个矿业工程师，回国后为祖国的建设出力。

从匹兹堡大学毕业后，陈立夫顿时觉得轻松了许多，就想放松一下。恰好当时他的中国同学徐恩曾买了一部崭新的敞篷汽车，邀请他和另一位中国同学陆子冬结伴驾车去长途旅行。这次旅行，虽然遇到了一些危险，但却使陈立夫大长见识。

三人在前往费城的途中，由于路标稀少，加之驾车经验不足，在一个急转弯处栽倒在路旁，汽车四轮朝天，如再打一个滚就会坠落千尺悬崖之下，真是好险啊！三人困在汽车中出不来，拼命按喇叭求救。20分钟后，从一辆过路卡车上下来十几个工人，合力将他们三人救出。

这次历险后，陆子冬心有余悸，不敢再冒险前行，决定退出，而陈立夫与徐恩曾则驾车继续前行，两人边行边谈，一路饱览风光。抵达费城，参加了中国同学会年会，又前往芝加哥、波士顿，再南行至大西洋城、纽约、华盛顿。在大西洋城，正赶上美国的选美比赛。争奇斗艳的花车游行及泳装比赛，使人目不暇接，让陈立夫、徐恩曾大开眼界。

看完选美比赛后，两人又驱车前往著名的尼亚加拉瀑布，然后南行到底特律，参观著名的福特汽车厂。该厂分工之细，生产之速，效率之高，都给陈立夫留下了深刻印象。接着，他们再次来到芝加哥，参观了一家规模很大的屠宰场，只见活生生的猪牛，从这边送进去，一会儿工夫就宰割洗涤干净，从另一边送了出来，一部分是准备冷藏的肉，另一部分是罐头食品，令人叹为观止。

这次夏日之旅，历时两个多月，他们大部分时间在露地宿营，自炊自食，极少住旅馆，一路自得其乐，玩得痛快自在，同时也增长了不少见识，对美国这个正在蓬勃发展的资本主义大国有了更多的认识。

旅行结束后，陈立夫开始找工作。在一家砖厂干了一个多月后，进入匹兹堡煤矿公司工作，六个月后又转到史克兰敦白煤矿区工作了八个月。此时的陈立夫，已沉迷于科学救国的美梦。他认为，要使中国摆脱帝国主义列强的侵略，要使中国富强起来，只有科学，只有多读书、多掌握知识，才能对国家有所贡献。

一年多的煤矿井下工作险象环生。有一次，陈立夫负责检查坑道的通风设备。如果发现有瓦斯气味，或安全灯有瓦斯显示，就要在坑道的每个入口处加上“危险”的标志，以阻止人员入内。陈立夫在检查时，见安全灯显示有瓦斯，就立即挂出了“危险”的标志。但一位矿工不顾警告，口中叼着香烟进入巷内。不到3分钟，香烟引起瓦斯爆炸，那位矿工被烧焦，陈立夫也被强大的气浪冲倒在地。

还有一次，陈立夫最后一个离开坑道，还没有走到坑道口时，忽然想起有什么东西忘了拿，于是又转身往回走。走了不远，就听到砰的一声，坑道口顶架倒塌。如果陈立夫当时不回头走的话，正好被活埋在顶石下面。在坑外的同事都以为他被压死在坑道中，但一会儿，他竟然在漆黑的坑道中摸索到了一个小洞口钻了出来。

一次次的历险，使陈立夫养成了机敏警觉的特性，以后他从政当特务头子时，这种警觉性帮了他的忙，以至在那种你死我活的激烈政治斗争中站稳了脚跟。

正当陈立夫在美国实习时，哥哥陈果夫一连好几封信催促他回国。陈立夫虽然想留在美国，但不好推辞，只好收拾行装，启程返乡。

陈果夫之所以多次写信让弟弟回国，乃是蒋介石的授意。此时的蒋介石在国民党中立足未稳，急于建立绝对听命于他的势力集团，结拜兄弟陈其美的两个侄儿陈果夫、陈立夫自然成了蒋介石物色的对象。

在上海码头，早已等候多时的陈果夫张开双臂，紧紧拥抱着离别两载的弟弟陈立夫。两兄弟见面，真有说不出的亲热。在回陈果夫住宅的路上，陈果夫问陈立夫：“如今你既已归国，以后有什么打算呢？”

陈立夫不假思索，立即回答：“只有科学办实业，才能救中国。我这次回来，就是要投身到实业中去，做一名矿冶工程师，以自己所学报效国家。”

陈果夫听了，沉默不语。他以为，在目前这种动乱的年代里，科学不能救国，实业不能救国，只有从政才能救国。但当他转头看到陈立夫那期待赞许的目光时，不忍扫了他的兴，觉得劝弟弟从政要慢慢来，于是说：“你在国外是学矿冶的，搞搞实业也可以。”

很快，陈立夫便被中兴煤矿公司聘为工程师。陈立夫十分高兴，立即走马上任，专心致志地投入到工作中去，一心想干出一番事业来。但是，陈立夫很快就感到失望，公司的研究条件与匹兹堡大学简直有天壤之别，在这里真的是英雄无用武之地。

这时，蒋介石来电，希望他速去广州任职。陈立夫接电后，实在是左右为难，一方面是因为蒋介石对自己颇为关心，当然不能一口回绝。另一方面，陈立夫对于自己所学的矿冶工程技术还是割舍不下。考虑再三，陈立夫发了一份措辞婉转的电报，谢绝了蒋介石

※ 一生想为煤矿事业献身的陈立夫，却阴差阳错地在国民党派系争斗中，争夺自己的天下，多年的寒窗毁于一旦。

的要求。

但蒋介石并不死心，再次急电："现在是需要你革命的时候，还开什么矿？要开矿，可开采革命之矿。"

蒋介石对自己如此信任，陈立夫很是感动，也就不敢轻易回绝了，再加上在中兴煤矿工作也不能尽如人意，而哥哥陈果夫也不断地来信劝其从政，于是陈立夫开始动摇了。1925年12月，陈立夫搭乘轮船赴广州，从此走上了追随蒋介石从政的不归路。

1926年1月9日，蒋介石在广州接见了陈立夫。对于陈立夫的到来，蒋介石自然是喜出望外，他迫切需要陈立夫这样留过洋的青年。在随便问了有关国外留学的一些情况后，蒋介石问起了他对工作有何要求。

陈立夫回答说："我没有学过军事，不能投身行伍，只是希望做点文职工作。"

蒋介石一口答应了他的要求，当即安排他为黄埔军校校长办公室机要秘书，跟随在他的身边。陈立夫名义上是军校秘书，实际上是为蒋介石处理私人机密文件，帮助翻译机密电报、文件及缮写书信。

就这样，陈立夫投靠了蒋介石，开始了开采所谓"革命之矿"的生涯。

在做蒋介石的机要秘书期间，陈立夫曾犯了一个大错误，把他吓了个半死。

当时，和陈立夫一起为蒋介石工作的还有邵力子，他在处理公文方面曾给年轻的陈立夫很多帮助。凡要经蒋介石过目签批的文件、命令，都要由陈立夫亲自与底稿校核后再呈蒋介石。这一天，有一份绝密的命令，经蒋介石签发下达了，但陈立夫突然发觉放在

※ 试想当年，若非蒋介石的盛情邀请，陈立夫定会在自己的煤矿事业中大展宏图，那又是另一番景象了。

※ 在做蒋介石机要秘书时，陈立夫的脸上已多了几分英武之气。

※ 蒋介石一副万水千山于胸中的姿态，开采他的“革命之矿”，结果却是对内的派系斗争，对外的一致反共。

※ 掌握国民党大权的蒋介石，一副志在必得的样子。图为(左起)蒋介石、蒋瑞莲、宋美龄。

他办公桌的命令底稿不翼而飞，顿时吓得呆若木鸡，魂不附体。

陈立夫急得团团转，犹如热锅上的蚂蚁，不知如何是好！假如报告蒋介石，他知道蒋介石那种翻脸不认人的脾气，说不定立即被拉出去枪决！他越想越怕，浑身发颤，最后跑到邵力子那里，“扑通”一声跪在他面前，号啕大哭起来，弄得邵力子不知所措，邵力子了解情况后安慰了他几句，要他头脑冷静下来，细细地去想，接着就与他一起去寻找。

从楼上办公室找到楼下前后小庭院，邵力子一眼就注意到后院内那口无水的枯井。他当即叫人点了盏灯，准备叫人下井察看。陈立夫抢先下了井，结果那份命令底稿果真被风从楼上吹落在枯井里。

虽然只是虚惊一场，但因井上受惊出汗，井下受寒着凉，陈立夫发了高烧，生了一场大病。

蒋介石羽翼渐丰后，就开始密谋反共，但他的机要秘书邵力子却是孙中山三大政策的拥护者，对共产党也有好感。当陈立夫能够独当一面的时候，蒋介石就将邵力子派到冯玉祥的部队去，以放开手脚搞权谋，而陈立夫就独自承担起了处理蒋介石机密文件的任务。

国民党左右派之间的斗争相当激烈，而蒋介石又是这场斗争中的主角，他的机密文件包罗万象，陈立夫每天都要工作到午夜才能就寝。而蒋介石总是早睡早起，他起床后，陈立夫也不便再睡，只好跟着起床。这样一来，陈立夫每天都要工作16个小时以上。这时陈立夫正是精力充沛的年龄，虽然睡得很少，但精神很好，工作起来有一种兴奋感，蒋介石交代的事情，他大都能如期完成，令蒋介石十分满意。

陈立夫在工作中感到最困难的是翻录电报，有时为了查译一个字需要花费许多时间。为了克服这一困难，他经过一段时间的琢磨，发明了“五笔检字法”，用于机要文件的归档和电报的分类，使工作效率大大提高。

※ 孙先生一故去，蒋介石立即背叛了三民主义。

有一次，蒋介石要找几个星期前何应钦发来的一份电报，陈立夫只用了半分钟就找出来交到了蒋介石手中。蒋介石很吃惊，问陈立夫通过什么办法一下子找到了电报。陈立夫连忙将自己发明的“五笔检字法”说给蒋介石听。蒋介石自然是高兴，乐呵呵地表扬说：“你这是把科技知识用于你的文书工作了。”

陈立夫得到表扬后，劲头更大了，就对“五笔检字法”进行系统整理，写成《五笔检字法之原理与运用》，由上海中华书局出版。对于陈立夫的这一发明，陈果夫专门撰文加以介绍，并指出其重大意义。

※ 家有贤妻万事解。失势后的陈立夫若非有夫人孙禄卿的开导，又怎能如此淡泊名利地去异地他乡弃政从商？

工作了一段时间后，陈立夫发现蒋介石脾气特别坏，动辄骂人，特别是对军人；但他对文人则较为礼貌。为了规劝他的“蒋三叔”，有一次在共进晚餐时，陈立夫委婉地对蒋介石说：“如果有人对我发脾气，我会立即辞职。”蒋知道陈立夫话有所指，没有吭声，算是默认了陈立夫的规劝。

还有一次，陈立夫对蒋介石说：“校长，你的脾气很大，他们都被骂得受不了，如果你用这样的态度对我，那我明天就卷铺盖走人。”他还给蒋介石讲了德国兴登堡将军不发脾气的故事。兴登堡有一句名言：“发脾气是自己惩罚自己。”陈立夫用兴登堡的故事规劝蒋介石改变随意发脾气的坏毛病。

后来，陈立夫向蒋介石提了两个条件：第一，如果有机会，仍希望能回到自己的本行去工作；第二，如果留下工作，一定竭尽智能，接受指导，希望自己的人格受到尊重，不受怒骂。对于第二条，蒋介石对陈立夫的态度一直很好，从未对他发过脾气；而对于第一条，蒋介石却从来没有提到过，而陈立夫也就在“开采革命之矿”中再也没有回头过。

“劝千岁‘杀’字要出口”

1925年3月，孙中山先生病逝，权欲极强的蒋介石自然想成为国民党的新领袖。当时，蒋介石在国民党人中的地位并不很高，他的权力也仅仅局限于军事而已，在党、政方面却没有太多的发言权。对于这种局面，蒋介石是绝不能忍受的，他要改变这种局面。

在争权夺利的斗争中，蒋介石与汪精卫的矛盾日益激化，同时他掌控的军队和其他各军的矛盾也尖锐起来。面对这种种矛盾，蒋介石感到进退维艰，惶惶不可终日。最后，蒋介石决定玩以退为进的伎俩，欲以辞职、出国相威胁。然而，汪精卫也是个精于此道的老政客，他十分清楚蒋介石的用心，只是例行公事似的劝蒋介石“不宜辞职”，并不坚决挽留，这使蒋介石陷入颇为尴尬的境地。经过再三考虑，蒋介石决定暂时离开广州，并令陈立夫买了船票。

1926年3月17日清晨，三辆黑色轿车从广州市百子路蒋介石的东山寓所驶出，风驰电掣般地开往码头，中间的一辆车上坐着蒋介石和他的机要秘书陈立夫。

蒋介石正襟危坐在车的后座上，两眼闭着不知在想些什么。陈立夫几次想开口劝说蒋介石，但当他看到蒋介石那沉思的模样时，便又闭口不言了。差不多要到码头时，陈立夫坐不住了，就问蒋介石：“校长，为什么要走？我们还可以干啊！”

蒋介石的沉思被打断了，睁开眼看了看陈立夫，反问道：“你有什么想法？”

陈立夫见蒋介石并未责怪他，就一口气说开了：“国民政府的八个军中，第一军有三个师，实力最强，掌握在校长手中。其他各军虽对校长有些怨言，但谅他们也不敢轻举妄动。更何况校长兼任广州卫戍司令，守卫广州的部队还掌握在手中，我们为什么要走？”

“汪主席虽然也和校长过不去，但他有点书生气，胆子不够大。前些日子，汪主席不是想用王懋功师长来推倒校长，但校长以‘图谋不轨’的罪名撤掉其师长职务时，汪主席不也是无话可说吗？”

“苏联顾问没什么可怕的，校长要求免去季山嘉顾问，季山嘉不也是表示愿意辞职吗？共产党人虽然能‘煽动’民心，但他们那个总书记陈独秀却很好对付。只要控制他，共产党就好应付了。”

“校长，你不要太心慈手软了。我们有兵为什么不干呢？”

陈立夫的一番话，句句都说到了蒋介石的心坎上。是啊，蒋介石又何尝想离开广州呢？但是不离开广州，又该怎样动手呢？蒋介石又陷入了沉思之中。

车停在了码头上，蒋介石的侍卫官从外面打开了车门，请蒋介石下车。谁知蒋介石仍坐着不动，侍卫官不知该怎么办，显得有点尴尬。一会儿，一路沉默的蒋介石忽然开了腔，命令司机道：“回去！”陈立夫一听，心中立刻明白是怎么回事了，忙让司机调转车头，原路返回。

回到东山寓所后，蒋介石独个儿上楼，将自己关在屋里，过了好长一段时间，才听里面传出重物砸地板的声音，紧接着蒋介石一声大喝：“干了！”

这时，守候在楼下的陈立夫一阵轻松，心里说不出的痛快，倏地想起京剧《甘露寺》里的一段唱词：“劝千岁杀字休出口”，我这次可是“劝千岁‘杀’字要出口”了。

很多年以后，每每回顾起这段往事，陈立夫总是十分得意，觉得自己在关键时刻，帮助蒋介石完成了一次历史性的选择。他说：“蒋公当时考虑走与不走，可说各居一半，当其踌躇犹豫间，经我一问，乃使其不走之决心，顿形加强。否则民国十五年以后我国历史岂不将要重写？”

蒋介石找到其心腹王柏龄进行策划，纠集党徒召开秘密会议，陈立夫作为机要秘书也参加了会议。会上通过了采取反共行动的决议。为了替自己的“反革命行动”找借口，蒋介石指示手下四处造谣，说共产党要“暴动推翻国民政府”，汪精卫已经加入了共产党，有人要把蒋介石、陈立夫等劫往苏联等等。制造谣言后，蒋介石将其寓所迁至有坚固工事的广州造币厂。

3月18日，蒋介石指使其亲信传达他的命令，命令中山舰舰长、共产党员李之龙速将兵舰开赴黄埔，听候调遣。19日上午，中山舰抵达黄埔后，蒋介石大耍无赖，声称“并无调遣该舰之命令”，中山舰“无故移动”，是“不法行动”，“显示共党‘阴谋暴动’”。

这天晚上，蒋介石召开紧急会议，陈立夫极力鼓动蒋介石不要错失良机，应立即采取行动，对共产党实行突然袭击。有人怕舆论谴责，陈立夫立即驳斥，认为不必顾忌。在陈立夫的鼓动下，蒋介石痛下决心，决定对共产党实行打击。

※ 陈独秀是中国近代史上一位叱咤风云的人物，在20世纪一二十年代的辛亥革命、“五四运动”和第一次大革命的历史上，他都留下了深深的足迹，被称为“思想界的明星”、“中国革命史上光芒万丈的大彗星”。20年代后期，由于主观与客观各种复杂的原因，陈独秀犯了错误；不久，他又转向托派，成了中国共产党的反对派。从此，这颗“明星”就黯淡下去了。图为陈独秀（左）与胡适。

※ 李之龙(1897～1928)，湖北沔阳人。中山舰舰长。在1926年“中山舰事件”中被捕。1928年2月8日，被国民党杀害于广州黄花岗。

20日凌晨，蒋介石派人抓走仍在睡梦之中的李之龙。随后又调动大批军队和警察，断绝广州市内交通，实行戒严，扣留中山舰及其他海军舰只，包围苏联顾问的办事处及住所，监视苏联顾问，拘捕黄埔军校及第一军第二师中的共产党员40多人，并密令何应钦将驻防潮汕的第一军中的共产党员全部逮捕。同时，汪精卫的住宅也被蒋介石派兵“保护”起来。

由于共产国际指示的错误，加之陈独秀的右倾思想，“中山舰事件”之后，蒋介石很快达到了自己的目的：国民党中央政治会议作出查办李之龙，让季山嘉等苏联顾问回国、共产党员撤出第一军的决议。汪精卫也声称有病，赴外地求医。

陈立夫自始至终都参与了“中山舰事件”，并在其中担任了极不光彩的角色。如果不是陈立夫劝说蒋介石不要离开广州，断不会有之后的“中山舰事件”。周恩来后来指出：“张静江、陈立夫都于1926年1月2日回到广州，同蒋介石进行勾结，挑拨国共关系。这就是3月20日‘中山舰事变’的原因，也是3

月28日事变以前的政治形势。”

在“中山舰事件”中，陈立夫表现出对共产党极端仇视的心理和顽固的反共态度。同时，他对蒋介石的忠心，以及在复杂事变中的机警沉着和诡计多端，都获得了蒋介石极大的赞赏。由于斗争越来越复杂，陈立夫也更忙碌了。

北伐战争开始后，陈立夫被提拔为秘书处机要科科长。机要科共八个人，机密电报及文件都由陈立夫亲自处理，从不假手他人。他工作认真负责，凡是蒋介石签发的文件，他总是逐字逐句地从头到尾阅读一遍，然后交监印员盖上大印。他对下属科员管束甚严，每到一地，他总要召集部下训话，要求科员精心保管好印章、文件等物品。

当北伐进军至武汉时，陈立夫因劳累过度，又患上了痢疾，终于倒在了前线的列车上，蒋介石决定让他离开前线到汉口去治病。此时汉口已为北伐军攻下，陈立夫被人用轿子抬着进入汉口日租界的日本医院治疗。不

※ 陈立夫背离自己做矿业工程师的理想越来越远，而在蒋的国民政府内则越攀越高。

※ 陈家失势后，蒋介石总在责怪，他不曾想就因陈立夫在这次下野中的一句话，为他扭转了乾坤。

久身体康复后，陈立夫去上海与未婚妻孙禄卿举办结婚仪式。

陈、孙两家原来商定1926年7月5日在上海为其举行婚礼。但当时陈立夫正在准备随蒋介石出师北伐，婚礼只得延期，陈立夫要求将婚礼放到北伐结束后，但双方家长均不同意，最后商定婚礼定在1926年12月9日。陈立夫化装成商人模样，戴上眼镜，悄悄地乘船从汉口出发，于8日晚抵达上海。哥哥陈果夫也从广州赶到上海参加弟弟的婚礼。

陈、孙婚礼在上海英租界平安旅馆举行，采用简单的新式结婚仪式，只邀请了少数至亲好友参加婚礼。婚后，陈立夫只陪妻子看了梅兰芳的几场京剧演出。不久，他安置好新婚妻子，乘船来到了南昌。

陈立夫离开机要科后，蒋介石指派蒋先云到机要科工作。蒋先云才华出众，是蒋介石极力拉拢的军校学生之一，但他是共产党员，这让蒋介石很是头痛，对蒋先云的态度极其复杂微妙。对于蒋先云，陈立夫对其严加防范，凡是有关国共关系的机密文件，陈立夫都不让蒋先云看到。

有一次，陈立夫拿到了蒋先云打给在武汉的鲍罗廷的一份电报的副本，电报上全是机密性的情报。陈立夫认为这是蒋先云为共产党搜集情报的铁证，就立即向蒋介石报告："我已经无法为机要科负责保持机密，因为我总不能成天监视蒋先云，而且他常常趁我入睡后偷取文件。"蒋介石听了，立即下令免去蒋先云的职务。

蒋介石军事上的实力加强后，加快了反苏反共步伐，公开杀害中共党员和革命群众，镇压工农运动，而陈立夫和他的哥哥陈果夫在这期间扮演了很重要的角色。在谋划"清党反共"的过程中，让他们苦恼的是如何分辨谁是中共党员，谁是国民党员？为此，陈立夫想出了最歹毒的招数。

由于共产党从来没有将党员名单交给过陈立夫，所以也就没有分辨出谁是共产党，谁是"纯粹"的国民党员。于是，陈立夫就告诉他的部下，只有通过打斗才能分辨出来，因为一打了起来，国民党和共产党两边的人自然就会分出鸿沟来。他打电报给各地足以信赖的同志，要他们想尽办法摆脱共产党，至于身份不明的人，通过打斗明确他们的身份，如果是共产党，就尽可能地"清除"他们。

果然，国共的公开冲突接二连三地在浙江、江西、安徽爆发，陈立夫发的秘密命令果然是很“成功”的一招。

当时，共产党的劳工组织是“总工会”，为了区别起见，陈立夫就另外组织一个“工人总会”；共产党的学生组织叫“学生会”，他就成立一个组织叫“学生总会”；共产党的农民组织叫“农民协会”，他就成立了“农民总会”。如此一来，不但在总部有两个相对的国共派系，在各种不同的社会团体中也分为两个国共派系，以便公开斗争。陈立夫还和上海青帮势力勾结起来，利用青帮和外国租界及警察的关系，残酷地杀害共产党员。

陈立夫初入政坛，就给蒋介石提出了“历史性谏言”，并为反共支招，为稳固蒋介石的势力立下了很大“功劳”，成为蒋介石的贴身心腹。这为他日后飞黄腾达奠定了稳固的基础。

中统特工的后台老板

1928年2月，国民党二届四中全会后，蒋介石出任国民党中央组织部部长，陈果夫任副部长，并代理部长职务。陈果夫掌握组织部大权后，在组织部成立了调查科，由陈立夫任科长。这就是国民党“中统”的前身，而陈立夫正是中统的创始人。

国民党三大后，以陈果夫、陈立夫为首的CC派势力在国民党内扶摇直上，形成“蒋家天下陈家党”的局面。二陈领导的CC派之所以有力量，很大程度上是因为他们掌握了中统这个庞大的特务组织。

陈立夫开始还觉得自己是学采矿工程的，缺乏必要的特务知识和经验，所以不适合做特务工作，更不适合领导这个组织。戴季陶听说后，就劝陈立夫说：“你是一位和善而有智慧的人，做调查工作的人，固然三教九流的人都需要，但是要去管这些人，需要一位慈祥而公正的人，才能管理住他们而不出乱子。你看寺庙中两边站的十八尊罗汉，个个都是横眉怒目三头六臂的，但是中间坐的那尊如来佛，却是何等的慈祥雍穆，惟其如此，才能管得住，做得好。所以蒋先生要你去做，就是这个道理，我看你还是从命罢！”陈立夫听了戴季陶的这番劝说，才决定去做，中统于是正式开场。

※ 陈立夫在工作上的“出色”表现，赢得了蒋介石的充分信任。

※ 戴季陶，曾有“党国理论家”之称。一生追随蒋介石。1949年2月，他在广州面对窗外连日大作的风雨，见国民党政权大势已去，大生悲恸凄惨之感，吞食了大量安眠药，匆匆在他乡结束了生命。

1930年，二陈认为在国民党内部排斥异己的任务已经基本完成，便将工作重心转到“对付共产党”上来，于是在调查科内增设一个“特务组”，负责对共产党的调查研究、密谋策划以及机密的情报搜集等。同时，蒋介石将经过政治警察训练的中央军校第六期毕业生约20人派往调查科工作。这些人员不在调查科的正式编制之内，也不在中央党部内办公，而是在南京中山东路与中央饭店紧邻的一栋二层楼内办公，专搞秘密特务活动。

1932年，陈立夫责成徐恩曾秘密成立“特工总部”，以扩大特务组织，地点设在南京道署街（今瞻园路）132号瞻园内。特工总部是在调查科的基础上建立起来的，是CC派的一个重要组成部分，而且自始至终都是一个完全秘密的组织。“特工总部”的对外活动从不用“总部”的名义，指挥其所属活动用的也是化名、代号。特工总部的大门没有悬挂任何招牌，但在门房则经常坐有七八个彪形大汉，外人非经通报许可，是不能随便进入的。

1933年元旦，蒋介石突然通知陈果夫、陈立夫等人迅速前来，有紧急事情商谈。二陈惴惴不安地急奔蒋介石的官邸，见蒋介石铁青着脸，一言不发地端坐在沙发上，在座的还有张厉生、余井塘、张道藩、叶秀峰、刘健群、戴笠等

※ 戴笠（左）充当蒋介石的鹰犬达15年之久。15年里，戴笠为维护、巩固蒋家王朝的独裁统治，立下了“汗马功劳”，自己亦从一个市井无赖升迁至蒋介石的心腹杀手。

人，都肃然危坐，默无声息。一看这个气势，兄弟俩便知道今天的召见非同寻常。

蒋介石见人数到齐后，便开始讲话。他一开口，就训斥众人，甚至气势汹汹地漫骂起来，骂特务组织无能，无法对付共产党，是一群笨蛋，一堆废物。众人被骂得哑口无言，胆战心惊，直冒冷汗，整个房子里充满了紧张、压抑的气氛。

蒋介石整整骂了一个小时，骂累了才觉得有些过火，语气也缓和多了，装出十分诚恳的模样，要求大家献计献策，商量如何对付共产党员，如何缓解国内的形势。当时，国内抗日形势日益高涨，蒋介石的“攘外必先安内”的政策受到了广大人民群众的抗议。

原来，蒋介石是想成立两个秘密的法西斯小组织，以这两个小组织为基础，形成国民党的中坚力量。会后，黄埔系人马组织成立了“中华民族复兴社”（简称“复兴社”），而以二陈兄弟为首的CC派则成立了两个小团体，一个为“青天白日团”（简称“青白团”），一个为“中国国民党忠实同志会”（简称“同志会”）。这些法西斯组织的目的就是对付青年学生运动，打击共产党员。

CC派的“青白团”和“同志会”两个组织的章程从文字上虽不尽一致，但实质上如出一辙，政治纲领的主要内容都是：拥护蒋介石为国民党唯一领袖；执行“攘外必先安内”的国策，镇压爱国民主运动等等。

“青白团”和“同志会”一直在秘密中发展，入团手续极其严格。入团者必须面向孙中山先生遗像和蒋介石像举起右手宣誓：永远拥护蒋介石为领袖，实行三民主义，遵守纪律，严守秘密，至死不渝等。完成了如中世纪般封建神秘的仪式后，监誓人向入团者致威胁训词：违犯纪律要遭到严酷的处分，甚或处死；领袖叫你如何就得如何，抗命为纪律所不容，云云。“同志会”吸收的成员以CC派骨干分子为主，二陈兄弟对这两个组织的控制十分严密，他们强调该组织严肃的纪律性，加入组织的成员要绝对保密，对任何人不得暴露身份。

※ “青白团”入团者需面向孙中山遗像宣誓，孰不知，他们所信奉的“三民主义”早已非孙三民主义之本意。

“青白团”和“同志会”成立后，CC派从中央到地方有了一套严密的、系统的组织，他们以此控制国民党各级党部，镇压共产党和革命人民，于是，在全国形成了一个自上而下，渗透各部门、各阶层的庞大的法西斯特务系统。

1935年，蒋介石下令在中统特工总部的基础上成立国民政府军事委员会调查统计局，由陈立夫任局长，下设三处，中统特务组织改为第一处（党政处），由徐恩曾任处长，复兴社特务处改为第二处（军警处），由戴笠任处长，此外还有混合型的第三处（特检处）。

国民政府军事委员会调查统计局成立后，陈立夫雄心勃勃，想一手掌握国民党的特务系统。但实际情况却出乎陈立夫的意料，属于军方的第二处的事情完全由戴笠一人掌握控制，根本不容陈立夫过问，遇有重大问题，戴笠便直接报请蒋介石核批，所以对第二处来说，陈立夫这个局长只是徒有虚名。

戴笠为了对付中统，甚至还对陈果夫、陈立夫兄弟使用过美人计。

有一次，戴笠在社交场合认识了一个叫向影心的女人，她天性风骚，很快戴笠就和她勾搭成奸。欢悦之余，戴笠仍然不忘组织发展工作，他觉得向影心是块当特务的料，就想利用她勾引他想对付的男人，为自己获取情报。

当时，戴笠正在调查汉奸殷汝耕，就想让向影心去当他的“枕头”。一番交谈之后，向影心居然很爽快地答应下来。很快，向影心就投入了殷汝耕的怀抱。殷汝耕哪里知道身边的大美人却是戴笠派来的女特务，对她是宠爱有加，哪里还有什么防备之心。后来，殷汝耕准备着手建立伪政府，向影心报告了戴笠，戴笠就命她偷偷干掉殷汝耕。

殷汝耕有个习惯，每晚睡觉前，总要吃一碗北方面条。这一天，向影心特别殷勤，亲手为他煮面，送到面前。殷汝耕见美人对她这么好，喜不自禁，端起面条来就要吃。他哪里知道，面条里已经下毒，毒药无色无味，他丝毫没有察觉。

也是殷汝耕命不该绝，正当他举筷捞面时，传报有要人来访，殷汝耕连忙搁下碗筷去会客。这一谈就是一个多小时，面条放冷了，毒药的颜色显出来了。当殷汝耕重新捧起面碗时，发现色泽不对，就送去化验，证明有毒。他十分恼火，自己宠爱的美人居然对他下毒，就把向影心绑起来审讯。

向影心知道事情的利害，就死不认账，问得急了，索性哭哭啼啼，一副楚楚可怜的样子，直哭得殷汝耕肠子发软，只是把她关入禁闭室，临走时还吩咐关押人员对她好好照顾。后来，戴笠花钱买通看守人员，把向影心救了出来。

殷汝耕没毒死，戴笠又派向影心去对付另外两个重量级人物，那就是二陈

※国民党政界，尔虞我诈，相互残杀，蒋介石却似一僧人般坐看风云起。

兄弟。戴笠巧妙地安排了许多社交机会，让打扮得花枝招展的向影心去接近二陈。陈立夫首先上钩，陈果夫跟着也接近，而戴笠则看着向影心巧施媚态的伎俩，心里暗暗得意。眼看大功告成，不料一个中统特务与向影心有过艳遇，知道她的底细，就把这个女人勾引著名汉奸殷汝耕，并向殷下毒的事向陈氏兄弟做了报告。陈氏兄弟听了大吃一惊，立即悬崖勒马。

1938年3月，蒋介石下令撤销国民政府军事委员会调查统计局，同时分别成立“中央执行委员会调查统计局”（简称“中统”）、“军事委员会调查统计局”（简称“军统”）、“特检处”（主管邮电检查），这就是所谓“中统”和“军统”的由来。这样，陈立夫并吞戴笠领导的特务系统的企图就彻底破灭了。

※此时的陈立夫与戴笠似有『既生瑜，何生亮』之感慨，但二人却在明争暗斗着。图为戴笠。

为此，陈立夫还自我解嘲说："每个人有两只眼，两只耳。作为领袖（指蒋介石）的耳目，也应有两个，兼听则明嘛。"

中统成立后，由国民党中央秘书长朱家骅兼任局长，由徐恩曾任副局长，而陈立夫则改任教育部长。从表面上看，陈立夫似乎已与中统局没有什么关系，但实际上，陈立夫仍可以通过徐恩曾指挥中统局，他依然是中统的后台老板。事实上，二陈兄弟的CC派正是利用中统控制一切，可以说，中统是CC派的核心，CC派的灵魂。

陈立夫卸任后，曾向陈立夫表示祝贺："你能够摆脱调统工作，这是你聪明的地方，我当时劝你接受蒋公之任命，喻之以如来佛之管十八罗汉，今竟能安全解脱，真是你的造化，恭喜恭喜。”

中统和军统分家后，矛盾也越来越深。在中统和军统的倾轧中，军统一直处于攻势，而中统则经常处于守势。1941年，一向由中统控制的特检处也划归军统，由军统分子刘幡当处长，将中统特务大部清洗出去。军统特务罗杏芳当上重庆邮检所所长后，得意地说：“CC分子还想从我这里得到情报吗？对不起，老子请他们吃CC（湖南土话称尿为CC）。”军统掌握特检处后，甚至连陈立夫的信件也被军统特务偷偷拆阅。陈立夫毫无办法，只好多发电报或遣专人递送，少寄信件。

中统一直奉陈立夫为后台老板，中统的特务都是陈立夫的亲信部下，蒋介石利用中统要通过陈立夫，显然不那么得心应手。而军统的戴笠是地痞无赖出身，搞特务活动完全是流氓作风，与蒋介石的关系是家奴与家主的关系，死心塌地地奉蒋介石为家主，因而深得蒋介石的欢心和宠信。所以，蒋介石越来越重视军统，而冷落中统。

对于蒋介石重用军统而冷落中统，陈立夫心里很不是滋味。他曾酸溜溜地说：“戴雨农（戴笠字）喜欢蛮干，情报工作人员摆出吃相难看的样子，用便衣武装代替一切，还要情报工作技术干啥？”

陈立夫虽然看不起狰狞恐怖的戴笠，但其实，中统比军统更加阴毒。中统特务们经常伪装成中间人士，甚至伪装成进步人士，如在学校开书店，摆卖些进步书刊，以吸引和侦察进步学生。那些特务店员，有时还故意发些不满现状的牢骚甚至说些“左”的话，以接近进步青年，从而对他们陷害、逮捕，直到杀害。

中统和军统的斗争，是国民党内部不同派系之间斗争的一部分。陈立夫曾有过一番“名言说论”，描述了国民党内争权夺利的情况，多少表达了自己对蒋介石的不满。他说：“我们可以大致分析一下我们党政军各级机关的人事。看起来，好像是复杂的，其实并不太复杂，而是很简单。

“关系不外是三种。一是政治关系，二是经济关系，三是亲友关系。政治关系是上等关系，也就是组织关系，志同道合的人结合在一起，打算搞同样的事业，而且实行了干同样事业；以组织为基础，在这个基础上生长一切应有之物，这是从事政治工作的常规做法。有政治组织才有力量，用这个力量才可以产生政治要求所需的结果。北洋军阀不懂这个道理，他们不及我们，所以他们完蛋了。共产党把这个关系当做唯一的关系，所以他们打不散，弄不倒，问题就在这里。我们许多人不重视这个首要的关系，另做打算，找到另外两种关系，侵犯了这个最要紧的政治关系，是我们的致命伤。

“第二种关系，美其名曰经济关系，实际上是上下串通、营私舞弊、共同贪污的发财关系。如果军需同部队长没有这种关系，军需干不好，干不久，否则部队长是我们所谓聪明人要骂的大傻瓜。如果长官和总务关系好，除开钱以外，很难有别的主要内容。在发国难财的时期，这个关系压倒了一切其他关系。

“第三种关系，美其名曰亲友关系，其实是裙带关系。老婆娘家的人，不止于是小舅子，小舅子的小舅子，姨太太的亲戚，凡是性关系扯得上的人，都应列入这种关系。我们各机关里如果进行一次这种关系的调查，我敢说恐怕要占半数以上。这种关系不是我们发明的，中国自古就有，不过有时厉害，有时遇着高明的帝王将相就压抑一下，可是不能消灭。凡是一个政府要倒霉的时候，必是这种关系猖獗的时候。除开裙带关系，属于这一种关系的还有同乡、同学、同宗、同族、同什么的许多

※ 蒋介石与中央研究院的成员在元旦前夕合影留念。

國立中央研究院評議會第二屆第三次

※ 作为幕僚，无论怎样迎合，最终不过是他人手中的一颗棋子。

同，于是就靠着这个同字，一同升官、一同发财。我们要打破它，什么办法都无效，只有用法子代替它，就是用第一种关系代替它，当然也代替了第二种关系。可是今日挟着后两种关系的贵人们扶摇直上，几乎把第一种关系排挤到难以存在的地步，这多可怕！这多危险！”

这位中统特务的长篇大论虽然“长”则“长”矣，却也有些道理，确实道出了国民党党政机关人员组成的情况。然而，尽管他慷慨陈词，大有“痛心疾首”之态，但他其实也没有逃脱自己所“痛恨”的后两种关系。他和陈果夫都是依靠二叔陈其美和蒋介石的关系而发家，而在中统的头目中，徐恩曾就是他的表亲，叶秀峰是他的同学。

软刀子杀人

蒋介石发动“四一二”反革命政变后，对中国共产党人和革命群众采取疯狂屠杀的政策，使革命力量受到严重摧残。而陈立夫的中央组织部调查科，以及后来的“特工总部”、“青白团”、“同志会”、“中统”，正是蒋介石推行杀戮政策的得力工具。

真正的共产党人是不会屈服的，他们踏着烈士的血迹又开始新的战斗。1927年下半年，中共中央机关从汉口迁到上海，在敌人的眼皮底下继续指挥战斗。但是，陈立夫的中央调查科与国民党军警机关、上海的帮会势力勾结起来，破坏中共领导机关，杀害共产党员、革命群众。

为了在如此险恶的环境中站稳脚跟，中共中央组建了中央特科，由向忠发、顾顺章、周恩来领导工作，任务是保证中央领导机关的安全，收集掌握情报，镇压叛徒，惩处国民党特务，营救被捕同志和建立秘密电台。中央特科与中央调查科展开了殊死斗争。

1928年春，中央特科在陈立夫的中央组织部调查科建立了第一个反间谍关系杨登瀛。杨登瀛原名鲍君甫，在上海结识了同乡杨剑虹，后来杨剑虹成为二陈的亲信。1928年春，陈立夫在着手筹建上海特务机构时，杨剑虹即向陈立夫推荐了杨登瀛。陈立夫对杨登瀛进行一段时间的考察后，觉得他可用，就任命他为中央组织部调查科驻沪特派员。

杨登瀛到任后，与国民党驻上海警备司令部、侦缉队、公安局以及租界工部局、巡捕房等建立了关系，并结识了一批国民党要人。后来，杨登瀛为中央

※ 曾经怀有满腔报国激情的陈立夫，如今已是一反共先锋了。

特科提供了很多重要情报，避免了很多灾难的发生。

1929年冬，周恩来还成功地将钱壮飞、李克农、胡底打入了陈立夫的中央组织部调查科。三人互相配合，掌握了陈立夫特务机构的核心机密，成为中共插入国民党特务机关的三把尖刃，周恩来称三人是党的情报工作的“龙潭三杰”。

钱壮飞毕业后在北京挂牌行医，1925年加入中国共产党。他利用做医生的有利条件，进行党的秘密工作。1928年，钱壮飞考进国民政府建设委员会在上海主办的上海无线电管理处任职，而无线电管理处的处长正是陈立夫的表兄弟徐恩曾。钱壮飞不仅多才多艺，而且擅长交际应酬，加上与徐恩曾又是湖州小同乡，很快取得了徐恩曾的信任，当上了徐恩曾的机要秘书。

与此同时，李克农也通过公开考试考入了徐恩曾的无线电管理处。之后，

※ 蒋介石、冯玉祥、阎锡山三方势力混战，最终归蒋。图为（左起）冯玉祥、蒋介石、阎锡山。

胡底又打入天津长城通讯社，掌管陈立夫的特务机构在上海、天津两地的情报工作。

徐恩曾本是纨绔子弟，担任调查科科长后依然成天混迹于舞场妓院，把一切事情都推给钱壮飞处理。凡是中央组织部调查科的机密文件，钱壮飞都能首先看到，由钱壮飞审阅并提出处理意见后，再送给徐恩曾看，而徐恩曾一般只是在上面签个字。后来，钱壮飞还和李克农设下妙计，不露痕迹地搞到了徐恩

※ 陈立夫的特务活动越来越猖獗，他开始将矛头对准了共产党。此为陈立夫的特务组织所在地。

曾向蒋介石、陈立夫通报的密码。

从此，国民党方面最绝密的情报，也都能为中共方面掌握。在蒋介石对革命根据地发动第一、二次军事“围剿”时，钱壮飞获取了许多机密的军事情报，经李克农、陈赓等报告给中共中央，这对取得反“围剿”的胜利起了重要作用。

1930年4月，蒋介石和冯玉祥、阎锡山混战之后，要搞东北的情报。于是，陈立夫和徐恩曾就指派一个以钱壮飞为首的小组去沈阳活动。他们拿了国民党特务机关的证件和经费，到东北为中共中央带回许多重要机密情报。回南京后，他们与李克农研究写成一份4万字的详细报告，并说在东北建立了一套可以源源不断地获得东北地区情报的特务组织。陈立夫、徐恩曾如获至宝，对钱壮飞“佩服之至”，奖勉有加，更为信赖。

1930年5月，陈立夫召集他的特务头目徐恩曾、叶秀峰、张冲等人，在南京市区的瞻园召开会议，秘密商议反共的新对策。瞻园原是明朝开国元勋中山王徐达府内的花园，清代改为江宁布政使衙署，太平天国时为杨秀清的东王府，辛亥革命又为江苏省长公署所在地，如今则为陈立夫的特务组织所占据。

陈立夫说：“我们前一时期‘清共’是颇有成效的，但我们大家也看到共党是越捉越多，越杀越多，也不知他们是从哪儿冒出来的。这究竟是怎么回事呢？”

说到这里，陈立夫顿了顿，环视了一下四周，提高了嗓门，说：“对付狡猾的共产党就要软硬兼施，双管齐下。以前用杀戮的办法并不能根除共产党，相反，我们杀戮得越多，他们就躲得更隐蔽。现在看来，我们要用软刀子杀人了。所谓软刀子，就是说我们在用硬的一手的时候，还必须应用政治手段，引诱他们中一些意志不坚定者自首过来，由此我们可以得到共产党内部更多的机密，然后再用武力一举‘歼灭’他们。这样做我们才能真正达到‘清除共党’的目的。”

陈立夫话音一落，徐恩曾、叶秀峰、张冲等人连连赞同。于是，陈立夫等人就制定了“重用叛徒，扩大自首潮流，以毒攻毒”的软刀子策略，并公布了“共产党人自首法”，其中规定：共产党员如主动向国民党自首者，视不同情况，可予免刑或减刑。

为了推行这种“自首政策”和“内线政策”，陈立夫下令全国各地普遍设立“反省院”（有的地方叫“感化院”、“自新院”）。“反省院”除接受高等法院送来的“反省人”以外，还得接受调查科送来的“反省人”，司法机关得接受中央组织部调查科以中央执行委员会组织部名义“推荐”的人员担任“反省院院长”。1932年，各地“反省院”院长便改归特工总部委派，各地的“反省院”院长都是陈氏兄弟的亲信、中统骨干分子，“反省院”虽然在形式上仍然隶属于高等法院，但实际上成了特工总部的下属机构了。

“反省院”对“反省人”进行欺骗诱叛、怀柔软化，同时也不放弃严刑拷打的方式。院内专门设有关押共产党员和革命群众的特别监狱，里面配备有各种残酷的刑具。“反省”是有期限的，每六个月为一期。每期经评判委员会审查，“反省”得“好”的，在报上登几天“反共启事”，就可以讨保释放；“反省”得“不好”的和不肯“反省”的要继续“反省”。三期还不“反省”，那就枪毙。

陈立夫的“自首”政策果然奏效，一段时间内，国民党特务通过劝降审讯、政治软化等手段，确实收买了一些意志薄弱、贪生怕死的中共党员。这些人在高官厚禄、金钱美女的引诱下自首投敌，出卖灵魂，成为可耻的叛徒，这些叛徒经过“感化”很快便出卖所掌握的一切机密，残害昔日的同志和战友，特别是中国特科领导人顾顺章的叛变，使共产党的组织遭到了很大破坏。

1931年3月，陈立夫派出的特务蔡孟坚，劝降叛徒黄佑南，并在黄佑南指引下，在武昌破坏中共湖北省委，省委书记及其爱人被捕，两人坚贞不屈，最后惨遭杀害。接着，蔡孟坚又带人在汉口法租界会同租界捕房逮捕了中共长江局负责人尤崇新。尤崇新在特务的威胁利诱之下，说出了中共地下党活动的一些情况。随后，蔡孟坚又安排他化装，将帽子戴得低低的，同时派出特务打手数名，暗中随其在汉口大马路行走，寻找所认识的共产党员。

4月20日，叛徒尤崇新行经汉口距江汉关不远的轮渡码头附近时，无意中发现了顾顺章，便大呼："就是他！就是他！"顾顺章逃避不及，就被尾追的特务逮捕。

为了对顾顺章进行软化诱叛，蔡孟坚亲自出马接待，敬烟敬茶，但顾顺章却是一言不发。蔡孟坚并不生气，还笑着对顾顺章说："我们虽没见过面，但我知道你，你也一定知道我。"顾顺章仍是一言不发。

这时，蔡孟坚有些生气了，但他仍然心平气和地说："你我的为人大家都知道，一切用不着多说。现在，你在我们手里，要生，便说出你所知道的一切；否则，只有死。这个我想你很清楚。"但

※ 蔡孟坚，江西萍乡人，是陈立夫手下的一员"干将"。图为陈立夫（左一）与蔡孟坚夫妇。

※ 周恩来总理具有超凡的气度、才华和人格魅力，融合中华民族种种智慧美德与共产党人的气质品格于一身，是举世公认的伟人，是中国乃至全世界少有的杰出人物。

顾顺章仍然无动于衷。

蔡孟坚十分恼怒，但他知道顾顺章是条大鱼，就强压住怒火。他知道现在多说也无益，不如让顾顺章放松放松，好好考虑，一切等回南京请示陈立夫后再说，于是很平和地对顾顺章说："我送你去南京，你自己好好地考虑吧！"

4月25日晚，对于钱壮飞和中共中央机关来说，真是一个生死存亡的关头。这天晚上，徐恩曾像往常一样，早已去跳舞、玩女人，放松去了，只有钱壮飞一直坐镇在南京中央路305号特务机关大本营。

这天晚上，钱壮飞接连收到蔡孟坚发来的六封特急绝密电报，电报上都写着“徐恩曾亲译”字样。钱壮飞将它们译出来后不禁吓了一跳。原来电报上说蔡孟坚已经抓获顾顺章，并准备送往南京。

情况万分紧急，钱壮飞镇静下来，仔细看了电报内容：第一封电报是蔡孟坚发给徐恩曾转陈立夫的，电报说黎明（顾顺章化名）被捕，并已自首，如能迅速解至南京，三天之内可以将中共中央机关全部肃清；第二封电报，说将用军舰将黎明解送南京……

钱壮飞译完电报，将译文揣在口袋里面，把密电原样封装好，暂时扣压起来。他经过冷静周密的思考后，决定派女婿刘杞夫连夜乘坐特快列车去上海向李克农汇报，由李克农转报中央。4月26日清晨，刘杞夫到达上海找到李克农，将顾顺章叛变的情况做了汇报，李克农接到报告后火速找到江苏省委，通过江苏省委找到陈赓，由陈赓报告周恩来。

面对这突如其来的变化，周恩来这个有着钢铁般意志的非凡领导人，马上冷静而又周密地思量了可能发生的种种情况，并果断地采取了一系列紧急措施：销毁大量机密文件；迅速将党的主要领导人转移，并采取严密的保卫措施；把顾顺章在上海所有能够利用的重要关系全部切断；废止顾顺章所知道的一切秘密工作方法。当夜，中共中央、江苏省委和共产国际驻中国的机关全部搬了家。

当蔡孟坚把顾顺章送到南京时，陈立夫早已和徐恩曾、张冲等乘坐事先准备好的小汽艇来到江中心等待了。能够抓获顾顺章这样的中共要员，陈立夫当然极为高兴，他知道顾顺章一定掌握不少中共机密，如能劝降顾顺章，破坏中共中央组织，少不了又要升官发财。为了确保顾顺章的“安全”，他立即将顾顺章送往调查科特务组织的秘密所在地，即南京中山东路的“正元实业社”。

在去“正元实业社”的途中，陈立夫“亲切”地与顾顺章“谈话”，希望能从顾顺章口中得到一些有价值的材料。一直毫无表示的顾顺章忽然对陈立夫说：“你们身边的钱壮飞便是受我们领导的地下工作人员。”

此话一出，陈立夫大吃一惊，徐恩曾更是吓出一身冷汗，钱壮飞一直在他们身边担任要职，没想到却是中共打进的间谍，这如何了得？当晚，他们就派出大批特务扑向顾顺章供出的在上海的中共中央机关。但此时，中央机关早已经撤离，特务们扑了个空，而钱壮飞也早已远走高飞。

为了使顾顺章彻底叛变，陈立夫命人把顾顺章送到国民党司令部监狱，安置在优待室内，对他特别照顾。他还和徐恩曾等对顾顺章进行百般利诱，许以高官厚禄。为照顾顾顺章的生活，陈立夫、徐恩曾还多次派人送钱、送物给顾顺章，如购买一些食品水果、扑克牌以及扇子、蚊香等日用品送给顾顺章。

就这样，在陈立夫、徐恩曾的劝说利诱下，顾顺章完全叛变了共产党。他供出了几处中共在上海来不及迁移的地下秘密机关，如红旗报社、保卫组办公处、北四川路接头处等。这些机关遭到了特务的破坏，其中周恩来原来常到的办公处所，也遭到破坏，而周恩来幸而在特务们到来前的一刻钟离去。

此外，顾顺章还供出了杨登瀛、恽代英等共产党员，以及其他中共打入国民党的地下工作人员，其中绝大多数在被捕后拒绝自首叛党，被特务们杀害了，少数人在顾顺章的影响下叛变。顾顺章还带国民党特务赶赴香港，逮捕了中共早期的另一位著名领导人蔡和森，致使蔡和森惨死在国民党的屠刀之下。

由于钱壮飞成功打入陈立夫的特务机构，并取得了陈立夫、徐恩曾的信任，才使中共中央机关避免被陈立夫的中统一网打尽。而陈立夫则对未能抓住周恩来一直耿耿于怀，甚至恼羞成怒。1931年9月1日，陈立夫下令“悬赏通缉”周恩来等人，不久又以顾顺章的名义在上海《时报》、《申报》、《新闻报》、《时事新报》、《民国日报》等报刊上刊登“悬赏缉拿”周恩来等人的告示。

“悬赏缉拿”无济于事，陈立夫最后又使出了造谣诬蔑、挑拨中伤的伎俩，伪造了一个所谓的“伍豪等脱离共党启事”。“启事”称伍豪等243人脱党，原因是中国共产党领导的红军，“消杀中国抗日之力量，陷中华民族于万劫不复之境地”等，极尽诬蔑之能

※陈立夫不仅控制着一党的政权，而且还控制着文化领域。

事。陈立夫这一招是企图在中共党内制造混乱，瓦解中共，但周恩来等针锋相对，揭穿了敌人的阴谋。

陈立夫的“自首”政策使一些意志不坚定的共产党员叛变，虽然叛变的只是少数，但他们的破坏作用却极大，往往一人叛变，能导致一个机关、一级组织全部破坏，给中共造成的损失是巨大的。

对于坚定的共产党人和革命群众来说，陈立夫的“自首”政策是不起作用的。1935年，中共领导人瞿秋白被叛徒出卖被捕。陈立夫得知瞿秋白被捕的消息后，立即指派特工总部训练科科长王杰夫，以国民党中央组织部福建党务视察员的身份去做瞿秋白的劝降工作。陈立夫十分自信，他以为按照以往的经验，凭王杰夫的劝降手段，这一次一定会成功，瞿秋白一定会叛变自首。

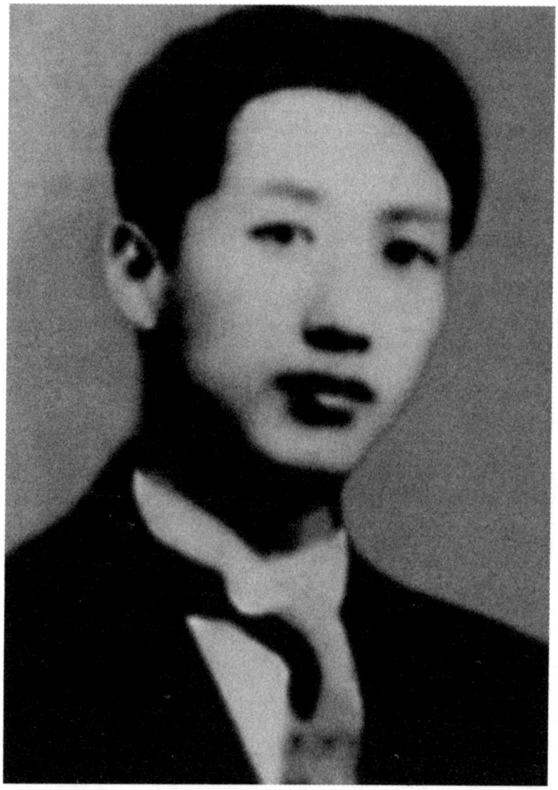

※ 瞿秋白是中国共产党早期的主要领导人，伟大的马克思主义者，卓越的无产阶级革命家、理论家和宣传家，中国革命文学事业的重要奠基人。

王杰夫等采用种种办法，与瞿秋白进行多次谈话，企图使他叛变并交出共产党内部组织的资料。但瞿秋白一身正气，威武不屈，陈立夫等人的企图终于落空。恼羞成怒的陈立夫最后决定杀害瞿秋白。瞿秋白在就义前，做了大义凛然的演讲，并举起右手高呼：“打倒国民党！”“中国共产党万岁！”“共产主义万岁！”等口号。与瞿秋白一样，更多的共产党员在陈立夫等人的“反省院”与国民党进行着顽强的斗争。

※ 张群，国民党统治的极力维护者。国民党败退台湾后，极力鼓吹“台日全面合作，共同积极反共”。

※ 一个以笔为枪的战斗者，用自己的思想与反动政府做着搏斗。图中左一为鲁迅。

“文化围剿”的总司令

陈立夫不仅利用中统特务机构残酷地屠杀共产党员和革命群众，而且还建立了一个庞大的文化特务机构。在蒋介石坐镇武汉、南昌对中共领导的革命根据地发动五次大规模军事“围剿”的同时，陈立夫则坐镇南京、上海，对中共领导的进步文化界发动了大规模的“文化围剿”，其不愧是国民党“文化围剿”的总司令。

在思想上，陈立夫迫切需要找到一个强有力的思想武器。他虽然是采矿专业毕业的工科学生出身，但为了对中共领导的左翼进步文化界实行大规模的“文化围剿”，他一手炮制了国民党的哲学——“唯生论”，写成《唯生论》一书。

陈立夫“唯生论”的立论依据主要来自儒学，特别是《孟子》、《大学》、《中庸》等著作。陈立夫牵强附会地加以发挥，炮制了一套极端唯心论的哲学体系，把“诚”解释为带有神秘主义宗教色彩的抽象概念，其急功近利的政治目的是显而易见的。他希望全中国的人民都“诚心诚意”地、像宗教徒

※郭沫若，现、当代诗人，剧作家，历史学家，古文字学家。四川乐山人。在中小学期间，广泛阅读了中外文学作品，参加反帝爱国运动。由于『五四运动』的冲击，郭沫若怀着改造社会和振兴民族的热情，从事文学活动。1921年出版的诗集『女神』，以强烈的革命精神，鲜明的时代色彩，浪漫主义的艺术风格，豪放的自由诗，开创了一代诗风。

一样虔诚地服从国民党的统治。

陈立夫的《唯生论》出版后，喝彩的人立即吹捧说：“唯生论是国民党的哲学，创此论者为党国要人陈立夫。”“自从有了这部书以后，国民党才算真正有了哲学，三民主义才算有了形而上学的根据。”后来，陈立夫在《成败之鉴》中得意地说：“以理论打击共党由我开始。”

陈立夫在思想理论方面虽然不堪一击，但迫害进步文化人却是他的拿手好戏。他点名迫害的第一个文化人就是大名鼎鼎的郭沫若。1927年5月，陈立夫与张群、李仲公三人以中国国民党国民革命军总司令部特别党部执行委员会常务委员的名义呈请中央党部，要求“通缉”郭沫若，致使郭沫若在国内无法立足，被迫流亡日本达10年之久。

1930年3月2日，中国共产党领导的中国左翼作家联盟在上海成立，参加成立大会的有鲁迅、茅盾等40多位著名进步作家。据不完全统计，从1930年成立到1936年春宣布解散为止，先后参加左联的盟员有500多人。左联成立后，先后创办了《萌芽》、《拓荒者》、《现代小说》、《北斗》、《文学月报》、《大众文艺》、《文艺新闻》等刊物。

左联成立不久，很多重要成员都上了陈立夫的“黑名单”。1930年9月30日，陈立夫以国民党中央党部秘书长的名义致函国民政府文官处，将“黑名单”报送，要求取缔中国社会科学家联盟、左翼作家联盟、上海青年反帝大同盟、普罗诗社、无产阶级文艺俱乐部、中国革命互济会、革命学生会等八个进步团体，并要求国民政府密函淞沪警备司令部、上海市政府会同上海市党部、市宣传部查封上述八个团体，并“缉拿”其主持分子，归案究办。

陈立夫的这张“黑名单”，拉开了大规模迫害左翼进步作家的序幕。1931年1月17日，柔石、冯铿、殷夫、胡也频、林育南等8人在上海东方旅社被捕。在此前后，被捕的中共党员、进步作家共有35人。2月7日深夜，柔石等24人被秘密杀害于上海国民党淞沪警备司令部，其中柔石等5名左联作家被称为“左联五烈士”。

对于国民党的杀戮进步作家的暴行，鲁迅怀着极大的悲愤进行了严厉的谴责，他在《中国无产阶级革命文学和前驱的血》一文中指出：“统治者也知道走狗的文人不能抵挡无产阶级革命文学，于是一面禁止书报，封闭书店，颁布

※ 在权力的争夺中，总是有人笑看风云，有人一蹶不振。

恶出版法，通缉著作家，一面用最末的手段，将左翼作家逮捕，拘禁，秘密处以死刑，至今并未宣布。这一面固然在证明他们是在灭亡中的黑暗的动物，一面也在证实中国无产阶级革命文学阵营的力量，因为如传略所罗列，我们的几个遇害的同志的年龄、勇气，尤其是平日的作品的成绩，已足使全队走狗不敢狂吠。”实际上，作为中国左翼文艺旗帜的鲁迅本人也在陈立夫的严密监视下，从柔石等被捕起，他就命人侦察鲁迅的住址，但迫于鲁迅的巨大声望，陈立夫始终未敢对鲁迅下手。

学校是传播思想的园地，陈立夫认为，要“肃清”共产主义的思想，非先把学校抓到手不可。所以，他的文化特务活动很重要的一部分，就是运用法西斯手段，抢夺教育行政部门、高等院校、中小学等教育机构。

高等院校一直是文化斗争的重要阵地，陈立夫当然不会放过，他千方百计地指使CC分子抢夺高校校长。但是在这方面，CC系却遇到了很大的阻力。从“五四运动”以来，中国的高等学校一直是自由主义的园地，他们对于形象不好的CC系党棍是极为反感并且强烈抵制的。一个很明显的例子就是清华大学驱逐CC系校长吴南轩。

1931年3月，吴南轩出任国立清华大学校长。但是，吴南轩上任的第一天，就发生了一件不愉快的事。国民党元老张继在介绍吴南轩时信口开河，大放厥词，说清华有这么考究的房子，这样好的设备，一年花了这么多钱，却没有造就出一个有用的人才，还说中央

※ 鲁迅的一生，对中国文化事业作出了巨大的贡献，其进步思想对那个时代的青年思想影响很大。

委员中各部部长没有一个是清华毕业出来的。

当时，台下的学生听了个个怒火万丈。清华大学学生会主席张人杰立即站起来驳斥说："听了张主任的训话，我们有一个疑问，不知所指的人才，是按什么标准的？如果按学识、专长和成就来说，清华的毕业生中，却不能说没有。"他接着列举了科学、技术、工程、建筑各方面杰出知名人士的一大串名单，然后说："就连国民党总理孙中山先生陵墓的建筑图案，不也是清华毕业生设计的吗！如果人才是指党棍和官僚，清华的确一个也没有。"这一番话，立即爆发起雷鸣般的掌声，把张继说得满脸通红。

清华大学历来是"教授治校"的，而吴南轩到任后坚持校长大权独揽，院长必须由校长全权任命，于是与教授产生了尖锐矛盾。其实，对抗的本质涉及更深的政治问题，CC系集团对于清华校内自成一套体制是深恶痛绝的，因为清华体制对国内高等院校有一定的影响，是CC系集团企图控制全国大学的障碍。而吴南轩的任务就是扫除这个障碍，建立校长的全权统治，建立CC系集团对教育、学术的绝对控制。

学生们当然不会买他的账，他们集体罢课，联合起来驱逐吴南轩。吴南轩害怕学生对他有"不礼"的行动，就仓皇躲进城内东交民巷外国使馆区某大饭店，成立所谓"国立清华大学办事处"。吴南轩托庇洋人，舆论哗然，南京教育部最后被迫让他辞职，以安抚学生。

清华驱吴学潮发生后，陈氏兄弟立即向蒋介石进言，主张严厉镇压。那时广东的中山大学也发生了学潮，蒋介石大怒，扬言要惩办为首闹事的学生。教育部次长钱昌照来到清华，了解到学潮的真正原因后，就打电报给蒋介石，主张让吴南轩辞职，一场风波才终于平息。

在清华这场风波中，CC分子丢人现眼，从此再也不敢觊觎清华、北大这样的自由主义势力雄厚的高等学府，从而使北大、清华的校长始终为蒋梦麟、梅贻琦、胡适、傅斯年这样大名鼎鼎的西化知识分子所掌握。陈氏兄弟只能通过拉拢上述人物，间接对北大、清华施加他们的影响。

在抢夺清华这样的名牌高校失败后，CC系转而夺取其他院校。在上海，CC系首先抢占了国立暨南大学。国立暨南大学是一所培养华侨子弟的著名高校，校长郑洪年属于孙科的"太子系"。CC系以内部颠覆、外部进攻的方式，不费多大力气就把郑洪年从校长的位置上拉了下来。CC系虽已得逞，但为了安定人心，稳住大局，他们推出骨干分子何炳松为正式校长，李熙谋为教务长。从此，暨南大学成为清一色的CC系的天下，并成为CC系阴谋策划抢占其他学校的基地。

后来，CC系又夺取了复旦大学、私立上海江南学院等。几年下来，CC分子陆续抢到了许多高校校长的位置，如罗家伦任中央大学校长，刘季洪先后任河南大学、西北大学校长，赖班任西北工学院院长，张北海任西北法学院院长，张廷休任贵州大学校长等，而陈立夫本人则于1938年出任教育部长。

掌握新闻出版工具，对于任何政治势力都是极为重要的，陈立夫当然也明白这一点。1928年4月，陈立夫在南京创办他的第一份报纸《京报》。当时他是国民革命军总司令部机要科科长，他担任《京报》理事会主席，总编辑等都是CC系的骨干。陈立夫说："报纸的政策是极力反对与苏俄联盟，也绝不与共产分子妥协合作。"可见其极端反共。由于陈立夫担任机要科长，《京报》的新闻总是比其他报纸来得快些，内幕也报道得多些，所以很长一段时间一直占据了南京的地盘。

1932年5月，陈立夫与陈果夫、郑异（国民党中央执行委员）三人合伙创办了《政治评论》杂志，由郑异主持编辑事务。陈立夫说："《政治评论》的创办，目的是促进一个理想，就是喊出'一个主义'、'一个领袖'。我们使蒋先生会成为党的名实相符的领导者，因为那时所有的麻烦就是由于这党没有真正的中心，所以'名不正则言不顺，言不顺则事不成'的状况才会造成，这也是全国对内对外所最需要的一个条件。"《政治评论》先后发表了很多文章，都露骨地鼓吹蒋介石是唯一的领袖。

1934年6月6日，陈立夫在国民党中央宣传委员会下设中央图书杂志审查委员会，由著名的文化特务潘公展任主任委员。机构成立后，公布了《图书杂志审查办法》，规定书刊付印前必须送图书杂志审查委员会审查。审查委员认为内容有不妥处得勒令删改，违者扣留查办；如出版后与原稿不符，得予以处分。潘公展吩咐手下的审查员："稍有不妥，就要删改；宁可多删多改，不可放松过去。"

据鲁迅揭露，审查员的胡作非为还藏有另外一层不可告人的阴暗心理。鲁

※ 陈立夫在文化领域的同乐会上正疯狂叫嚣着。

迅说："现在当局的做事，只有压迫、破坏，他们哪里还想到将来。在文学方面，被压迫的哪里只我一人，青年作家，吃苦的多得很，但是没有人知道上海所出刊物，凡有进步性的，也均被删削摧残，大抵办不下去。这种残酷的办法，一面固然出于当局的意志，一面也因为检察官的报私仇，因为有些想做'文学家'而不成的人们，现在有许多是做了秘密的检察官了，他们恨不得将他们的敌手一网打尽。"鲁迅称这种野蛮的审查制度是"文学暗杀政策"。

CC系通过审查进行"文学暗杀"的同时，也采取各种手段迫使很多有名的民间报纸就范，如收买，指派总编辑、编辑，甚至派人强行接收。到抗战中后期，CC系和复兴社操纵的报纸近200家。抗战胜利后，又以接收"汉奸报"为名接收了《申报》、《新闻报》等著名大报和《立报》等一批中小报纸，而陈立夫则先后担任了多家大报的董事长。

抗日战争胜利后，国民党当局为了控制舆论，对当时文化中心的上海制定了一条"规定"，凡不曾在上海出版过的报刊，一律不准在上海创刊或复刊。这项"规定"的目的在于阻止《新华日报》和其他进步报刊在上海出版，而对他们自己的报纸如《前线日报》、《和平日报》、《上海中央日报》、《东南日报》以及附庸他们的青年党的机关报《中国时报》，都从未在上海出版过，却都顺利地在上海出版了。

《文汇报》是著名的抗日报纸，战后在严宝礼的主持下，于1945年8月18日复刊。"复刊词"声称该报为无党派色彩的纯商业性报纸，以言论自由为最高原则。《文汇报》刚复刊时，政治上倾向于国民党，站在国民党的立场上发表言论。后来，一些中共党员

※ 1945年8月15日，日本宣布无条件投降。八年抗战至此已胜利结束，全国顿时鼎沸，人们走上街头，载歌载舞，表达着发自内心的喜悦。

和进步文化人士加入进来，《文汇报》的政治态度发生了变化，对学生和各界民众争取和平民主、反对内战独裁的斗争表示同情支持，而对国民党的独裁统治进行大胆激烈的抨击。

《文汇报》的政治转向引起了陈立夫的注意，但他并不想立即关闭《文汇报》，决定亲自出马“挽救”《文汇报》，但是却碰了钉子。陈立夫恼羞成

怒，将《文汇报》社长严宝礼召到南京，由国民党中央党部秘书张寿贤出面与严谈判，条件是政府“投资”20亿元，并派一人任副编辑主任。但是，《文汇报》总编辑徐铸成软硬不吃，陈立夫决定下手了。1947年5月24日，淞沪警备司令部下令《文汇报》、《联合日报晚刊》和《新民晚报》停刊。

陈立夫的文化特务虽然控制了大多数的报纸、出版社，但他们也遇到了一个强劲的对手，那就是邹韬奋主持的生活书店。尽管生活书店注册资本只有区区2万元，但它代表了进步的方向，大量出版抗日救亡读物和马列主义书籍，风行国统区，在国统区重要城市设立五六十家分店。于是，陈立夫利用他手中的特务机关，对生活书店横加摧残。

从1939年3～6月，短短三个月，生活书店各地分店先后有11家被查封或勒令停业。CC系还放出风声，要查封重庆的总店。在给生活书店以沉重打击后，国民党中央宣传部部长叶楚伧和副部长潘公展向邹韬奋提出，将生活书店与陈立夫的正中书局、独立出版社联合，但遭到邹韬奋的拒绝。可是陈立夫是不达目的誓不罢休的，直到生活书店所有分店都被查封后才作罢。

※ 胡宗南是蒋介石手下最能干的指挥官，反共战争的大部分“战果”是他取得的。但他曾云自己是内心爱国、倾向抗日的。图为胡宗南（中）。

※ 孙科（右三）抨击蒋介石不是出于民族大义，而是为了派系的斗争。

“执棒与执肉”的叫嚣

“日本投降了！”对于抗日战争的胜利，二陈兄弟当然也是十分高兴，陈果夫更是欣喜万分，甚至连病都好了很多。

一天早晨，陈果夫早早起床，迎着寒风在院里转了几圈，染上肺病的他不仅没有咳嗽，反而觉得精神焕发，心花怒放。活动了一会，他转身回屋，铺纸磨墨，凝神思索，挥笔写下几副喜联：

胜利还乡，勿忘八年苦战；
和平建国，正是千载良机。
研究科学，必须赶上原子弹；
从事建设，不可习染旧官风。

这些喜联，寄托了陈果夫在政治上希望和平建国、开创新风，经济上希望从事建设，在科学文化方面希望能赶上世界强国的迫切心情。

这时，同样沉浸在兴奋之中的陈立夫来了，兄弟二人共道欣喜之情。陈果夫更加高兴，甚至破了酒戒，和陈立夫饮了几杯。兄弟俩谈笑风生，各抒己见，纵论天下大事。说着说着，他们的话题就转移到了如何对付共产党上来。

陈果夫突然问陈立夫："如今日本人投降了，你认为共产党能不能成气候？"

陈立夫放下酒杯，冷笑一声，不以为然地说："国民党一统天下，这是人心所向，大势所趋，共产党能成何气候？"

陈果夫干咳两声，陈立夫忙递上手帕，陈果夫摆摆手，从口袋里掏出自己的手帕，轻轻地擦擦嘴，说："共产党虽不成气候，但在抗战中却扩大了军事力量，地盘也扩大了不少，这对我党我军可是一个不小的威胁啊。"

陈立夫仍不以为然地说道："别忘了，日本人是向国民党投降，而不是向共产党投降。就目前的格局来说，论军队，论武器装备，论地盘，共产党恐怕是望尘莫及吧？再说，我们还有美国人的支持……"

陈果夫又干咳几声，摆摆手，打断了陈立夫的话："可是共产党有民心。抗战胜利后，全国人民纷纷要求结束专制统治，开放言论，释放政治犯，承认多党派的合法存在，这不能说与共产党的宣传没有关系。"陈果夫越说越急，接二连三地咳嗽起来。

陈立夫本还想说什么，但看陈果夫咳嗽不止，也就不再说下去了。他心想：绝对不能给共产党喘息的机会！

在抗日战争中，中国共产党领导的八路军、新四军深入敌后，在敌后建立了一个个抗日根据地，为抗战的胜利作出了巨大的贡献。在艰苦卓绝的斗争中，中国共产党及其领导的人民军队也得到发展壮大，这对国民党一党专政的独裁统治构成了挑战和威胁。

抗战胜利后，关于如何处理与中国共产党的关系的问题，国民党内部有两种对立的观点。一派主张与中国共产党和平共处，在战后共同建设国家，这一派主要包括孙科的“太子派”及政学系的张群、吴鼎昌、王世杰等。另一派则主张继续维持国民党的一党专政，以武力消灭中国共产党及其领导的武装力量。这一派在党方就是以陈果夫、陈立夫为首的CC系，在军方则是以何应钦、陈诚为首的黄埔系，而陈立夫则是这一派中的典型代表人物。

对于中国共产党在抗战中的成长壮大，陈立夫是极为敌视的。抗战爆发后，他主张“限共溶共”，除指挥他的中统特务系统千方百计加以镇压外，甚至还私下动员胡宗南偷袭中国共产党的指挥中心延安。陈立夫对自己的建议还很得意，但他没有想到，胡宗南如果按照他的计划进攻延安，固然能给中国共产党造成一定的损失，但这样做，必定会造成国共关系的破裂。大敌当前，如果国共关系破裂，只能有利于日寇。事实上，陈立夫的这一建议是荒谬绝伦的。他少年得志，靠反共起家，以至于被反共搞昏了头，常常想出让蒋介石都觉得不能接受的建议。

抗战后期，国统区民主潮流高涨，连身为国民党中央常务委员、立法院长的孙科也到处发表演说，抨击蒋介石的独裁专制统治和国民党的法西斯化倾向，

※ 一届政府若只以欺诈为谋，置人民于水火而不顾，结果只能是他人取而代之。

要求以和平谈判的方式处理与中国共产党的关系，以民主和平的方式实现国家的统一。对此，陈立夫大为不满。

就在抗战胜利前夕，国民党曾召开一个茶话会。胜利在望，大家都畅所欲言，而陈立夫则一言未发。

这时，有人说："抗战胜利是由国共两党共同取得的，一旦成功之日，国共两党仍需继续合作，以期和平建国。"

听到这里，陈立夫一下子站了起来，怒气冲冲地说："对党内只有一手执

《可兰经》，一手执剑；对党外只有一手执棒，一手执肉。”

那位官员被陈立夫的举动吓了一大跳，不解地问：“此话怎讲？”

陈立夫哼了一声，气势汹汹地说：“现在我们的敌人就是共产党。对共产党只有杀，我已杀了他们高级党员两千几百几十几，普通党员两万几千几百几十几了，怎么在这种情况下，还有人提国共合作？简直是不识时务！”

与会官员个个面面相觑，谁也不敢吭声。

※ 重庆谈判是抗日战争胜利后，为避免内战、争取和平，中国共产党在重庆同国民党进行的为期43天的和平谈判。谈判从1945年8月29日开始，至10月10日结束。通过谈判，国共双方签订了《政府与中共代表会谈纪要》（《双十协定》）。图为在赫尔利的陪同下，毛泽东、周恩来、王若飞飞抵重庆。

陈立夫稍缓和了一下口气，接着说："我再重申一遍，从今以后，绝不允许再有人在我面前提国共合作。"

只要一想起这件事情，陈立夫就耿耿于怀，他没想到国民党内部居然还有人主张国共合作！他越想越生气，就和陈果夫一起前去面见蒋介石。

蒋介石的心情也不错，与二陈兄弟热情地寒暄。陈立夫单刀直入："委座，如今抗战胜利了，就该对付共产党了。国共两党，不共戴天，是该彻底消灭共产党的时候了！"

蒋介石听了半晌不语，然后站起来，踱了几步。

陈立夫与陈果夫面面相觑。

突然，蒋介石大声说道："我决定邀请毛泽东来重庆谈判。"

二陈兄弟惊讶不已，说不出话来。

蒋介石见状，笑着解释说："抗战八年，中国老百姓吃尽战争的苦头，如今人心思定，如果我立即与共产党分手，国共两党分裂的责任不就加在我的头上嘛，我为何要做这等傻事？"

陈立夫道："是不能太着急，可是如果请毛泽东来重庆谈判，不就等于与共产党和平建国嘛？"

蒋介石知道陈立夫在反共上过于激进，就打断他的话，说："毛泽东是不会来重庆的，如果他不来正合我意，说明他与我党合作无诚意，我先礼后兵，日后刀枪相见，责任就不在我啦！"

陈立夫仍然觉得邀请毛泽东前来谈判不妥，但见蒋介石态度坚决，也就不敢再说什么。

1945年8月16日，国民党的《中央日报》在显著位置刊登了一封让国人震惊的电报：邀请毛泽东到重庆谈判。为了怕陈立夫的激进与蛮干打乱了整体计划，蒋介石没有让陈立夫担任国共两党谈判的代表，这让陈立夫耿耿于怀。让蒋介石出乎意料的是，毛泽东同意赴重庆谈判。8月28日，毛泽东、周恩来、王若飞在国民政府军事委员会政治部部长张治中、美国驻华大使赫尔利的陪同下飞抵重庆。

9月1日，山城重庆刚下了一场雨，雨后的空气显得格外清新。这一天，中苏文化协会举行庆祝"中苏友好同盟条约"签订的鸡尾酒会。主持人孙科、

※ 毛泽东总是一脸的从容，一副领袖的气质。

※ 王若飞是共产党早期杰出的无产阶级革命家。1946年1月代表中共方面出席在重庆召开的政治协商会议。1946年4月8日在由重庆返回延安途中因飞机失事于山西兴县黑茶山遇难。王若飞以自己的生命，实践了他“一切要为人民打算”的诺言，成为共产党人学习的楷模。

张治中、邵力子向国共两党负责人以及其他党派负责人、文艺界人士、社会名流发出了邀请。陈立夫也在被邀请之列，但他不知道毛泽东也要参加。

晚7时，陈立夫衣冠楚楚、兴致勃勃地来到中苏友好协会大楼。一进门，陈立夫忽然感到气氛有些不大对头。大厅内，挤满了很多客人，有国民党要员，还有苏联大使，各民主党派的负责人及社会知名人士，众人有说有笑，却并不入座，像是等待着什么重要人物的到来。陈立夫感到纳闷，就胡乱找了个位置坐了下来。

忽然，大厅里响起一阵热烈的掌声，陈立夫抬头一看，只见中共领袖毛泽东、周恩来、王若飞等人春风满面地出现在大厅门口。

毛泽东神采奕奕、面目慈祥，他迈着伟人的步伐走进大厅，和大家一一握手。还没等陈立夫反应过来，毛泽东的一双大手已经紧紧地握住了他。

毛泽东微笑着说：“如果我没有认错的话，你该是陈立夫先生吧，久仰久仰啊。”

陈立夫显得十分尴尬，他不知道说什么好，只是不住地重复着：“欢迎！欢迎……”

宴会开始了，庆祝大会变成了欢迎毛泽东的晚会，而陈立夫等国民党要员反遭冷落，这让陈立夫很不高兴，但同时，他也对毛泽东产生了敬佩之情。

宴会后，陈立夫去看望陈果夫，他谈到了对毛泽东的印象："毛泽东无论相貌与气质，乃至举止言谈，都非常让人敬畏，这是我在委员长面前从来没有产生过的感觉。"

陈果夫没见过毛泽东，但他也有耳闻，听了陈立夫的话，他干咳了几声，说："是啊，我们不可等闲视之啊！"

陈立夫接着说："他那种随和大度，侃侃而谈，出口成章，以及他那浓厚的湖南腔，给人一种不可抗拒的诱惑。还有他那博大的胸襟和坦诚的态度，让人有一种高山仰止之感。看来毛泽东这班人，不是我们党说的山沟沟里的'共匪'，从来重庆以后各界人士对他们的态度来看，共产党收买人心的手段比我们高明啊！"

此后数日，陈立夫又参加了一系列与毛泽东礼节性的会见，感触颇多。他希望能想出一个办法，说服毛泽东放弃共产主义，信仰三民主义。

毛泽东在重庆待了43天，除与国民党谈判外，还广泛会见各方面的代表，其中就包括以反共著称的陈立夫兄弟，并且和陈立夫有过一次激烈的辩论。

9月7日，毛泽东在周恩来、王若飞陪同下前往拜访陈立夫，不巧，陈立夫正好外出了。9月18日，毛泽东又去拜见陈果夫。此时陈果夫肺病已到晚期，正在病床上辗转反侧，听到毛泽东要来拜访，他一点心理准备都没有，更不想让中共首脑们看到自己这副病态，干脆以体弱身衰为由挡了驾。

一连两次吃了闭门羹，毛泽东自然有些扫兴。但毛泽东并没有因此而气馁，他说："刘备拜访诸葛亮不是三顾茅庐吗，我毛泽东莫非还不如刘玄德，去！"9月20日，毛泽东在秘书王炳南的陪同下再

※ 1945年8月，毛泽东和蒋介石在重庆合影。

※重庆谈判时的毛泽东大义凛然，气度不凡，晚年的陈立夫每次回忆起仍不由地赞叹。

次拜访陈立夫。

陈立夫对毛泽东的再次拜访已经有心理准备，彼此寒暄了几句，就直奔主题。陈立夫前几次和毛泽东都是在公开场合见面，没机会多谈，况且也轮不到他，现在是在自己家里，底气硬了很多。

他直截了当地说："毛先生，立夫早就有句话想跟你说，我认为，中国人应信仰三民主义，这是孙中山先生提出来的，目前，只有三民主义才能救中国，马列主义是外来的，不符合中国的国情。"

毛泽东一听，笑了起来，说道："陈先生，我正想就这个问题求教于你呢。孙中山先生提倡三民主义，主张联俄、联共、扶助农工，所以，我们才取得了第一次国共合作的胜利。而你们的三民主义呢，却是'反共'、'剿共'、压制工农，千方百计置共产党于死地而后快，这难道是拯救中国吗？"

陈立夫没想到毛泽东会这么尖锐地针锋相对，顿时语气缓和了很多："毛先生，言重了吧？"

毛泽东收住了笑容，脸色变得十分严肃，他有力地挥动着大手，厉声说："陈先生，恐怕言不为重，十年内战，你们对共产党进行了五次'围剿'，迫使红军北上长征。但是，你们不知想过没有，为什么共产党不但没有被消灭，反而发展壮大了，在抗日战争中，被你们'围剿'剩下的红军，重整旗鼓，改编成八路军、新四军，不都是抗日的重要力量吗？"

陈立夫打断了毛泽东的话："我们不是有第二次国共合作，这才有了抗日战争的胜利吗？"

毛泽东站了起来，表情更加严肃，义正辞严地说："别忘了，是国民党多年'攘外必先安内'的政策，才使得日本帝国主义不断地侵略，甚至险些招致亡国灭族之祸，难道这一教训还不发人深省吗？"

陈立夫一时语塞，不知所措。

毛泽东缓和了语气，诙谐地说："陈先生，看来，你们的三民主义，还是不行啊！"

陈立夫笑了笑，说："现在抗战胜利了，你们应该放弃共产党的武力政权。一国之中，怎能有多种政权存在？"

毛泽东一听，立即反驳道："怎么，陈先生又要逼我们上山打游击，当山大王？过去我们打游击，是国民党'剿共'逼出来的，那叫逼上梁山！"

这时，周恩来接过来说："陈先生，上山打游击可不是共产党人的专利啊。现在抗战胜利了，人心思定，人心思安，国共两党应该再一次携起手来，本着平等、和平、民主、团结的原则，共同建设国家，使民族兴旺，人民富强，而不是谁迫使谁放下武力，俯首称臣。"

毛泽东与陈立夫两人唇枪舌剑，最后话不投机，不欢而散。这恐怕是毛泽东在重庆拜访各方代表人士时最有火药味的一场舌战。

陈立夫本想说服毛泽东放弃共产主义，信仰三民主义，但反而被毛泽东、周恩来将了一军，显得十分被动。毛泽东走后，他左思右想，越想越不痛快，就去找陈果夫。

陈果夫知道陈立夫有些不服气，等他说完后，就无可奈何地说："我也是怕见毛泽东，共产党能争取民心，也是这么多年来一直消灭不掉的重要原因。"

陈立夫说："不管共产党如何赢得民心，但国民党是大党，有枪，有政权，有钱，有地盘，有美国人的支持，共产党能怎么着？"

陈果夫叹了一口气，说："你我都是从政的，搞党务内行，但搞武装斗争就是门外汉了。共产党不可小看啊！"

陈立夫还是不服气："政治斗争靠实力，不要看共产党吹得凶！共产党枪少、人少，躲在陕北能有什么出息？我们不能改变立场，态度一定要强硬，绝对不能跟他们搞什么和谈！"

在重庆谈判期间，毛泽东多年前写的一首词《沁园春·雪》在重庆报刊上发表，人们竞相传诵。这首词气势不凡，很多人都感到十分惊讶：这个过去被国民党天天骂为"土匪头子"的毛泽东竟有如此的文采，如此的文学修养，真是没有想到！于是，很多报刊纷纷发表对《沁园春·雪》的唱和之作和评论文章，死寂沉沉的文坛一下子活跃起来了。

毛泽东的《沁园春·雪》在国统区的传诵、唱和，触动了国民党高层蒋介石、陈立夫等人的神经。于是，他们就指使御用文人出来"围剿"，企图消除《沁园春·雪》的影响，实际是想贬低毛泽东的威信。据说蒋介石让几个填词高手作词以超过毛泽东的《沁园春·雪》，他们冥思苦想还是没有写出来。

自毛泽东到重庆谈判以来，陈立夫在不同的场合不是受窘，就是被驳得哑口无言，心中实在窝火。以陈立夫那褊狭的性格，他绝不可能容忍中共和其他党派的代表们在国民党的地盘上继续活动。为了打破这种局面，陈立夫再次露出了那狰狞的面目，动用他指挥

※周恩来总理大仁大义，大智大勇，宏博精深，吞吐日月。他曾以超凡的人格魅力征服了他所在的那个时代。

的庞大的中统特务向进步人士大打出手，制造了昆明“一二·一惨案”、沧白堂事件、校场口事件、南京下关惨案、李公朴惨案、闻一多惨案等一系列骇人听闻的暴行。

政治协商会议开幕前夕，在周恩来的推动下，政治协商会议陪都各界协进会（简称“协进会”）成立。协进会一成立，陈立夫就立即命令CC派骨干密切监视协进会的活动，同时拨款法币400万元，以每人每晚2000元的代价，雇佣一批特务打手对各界民众大会进行干扰破坏。

1946年1月18日，协进会第六次大会在沧白堂举行，特务们的捣乱逞凶更加

※ 有人在前方冲锋陷阵，有人却在暗地出卖战友。图为1929年元旦阅兵典礼。

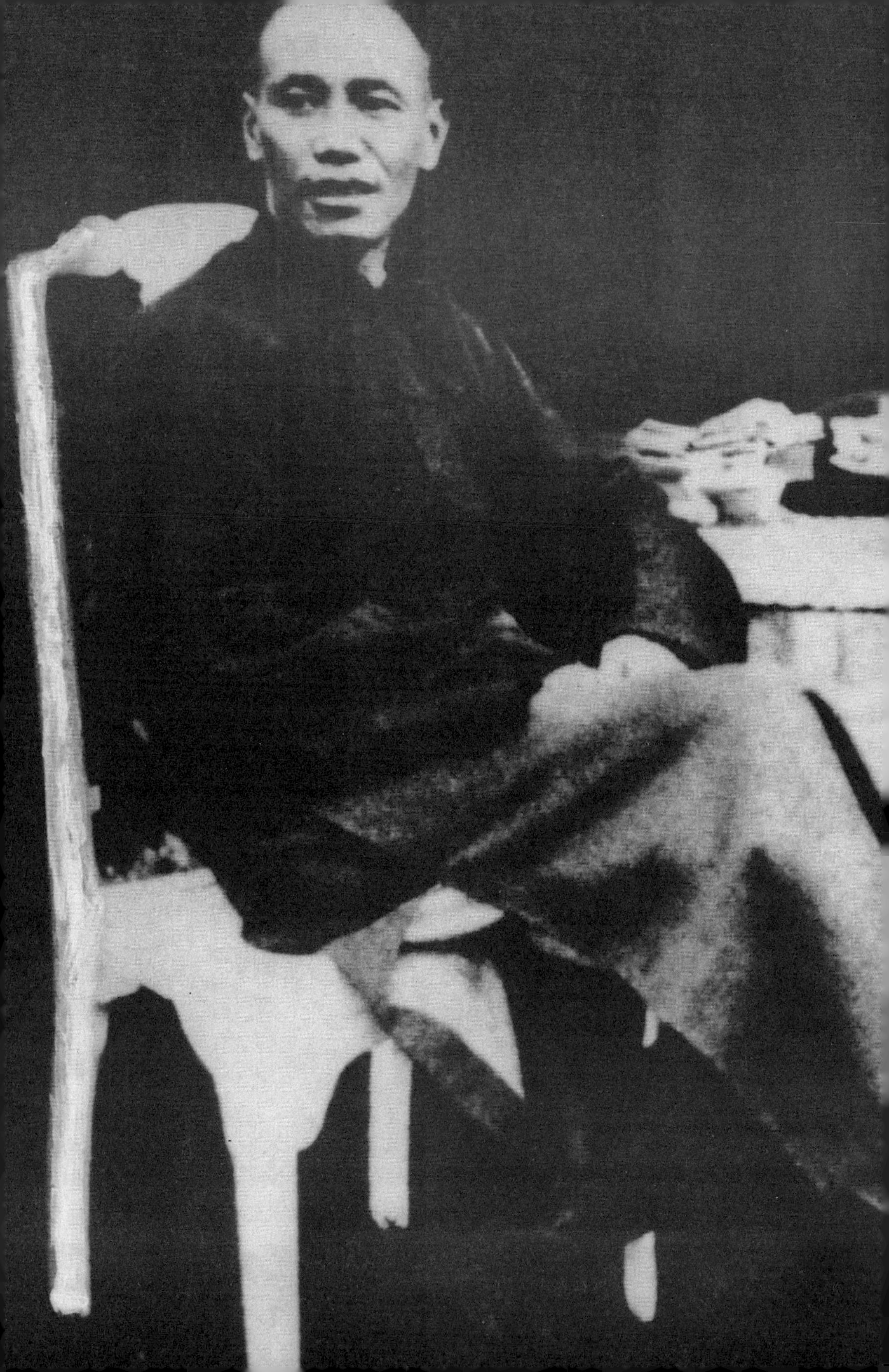

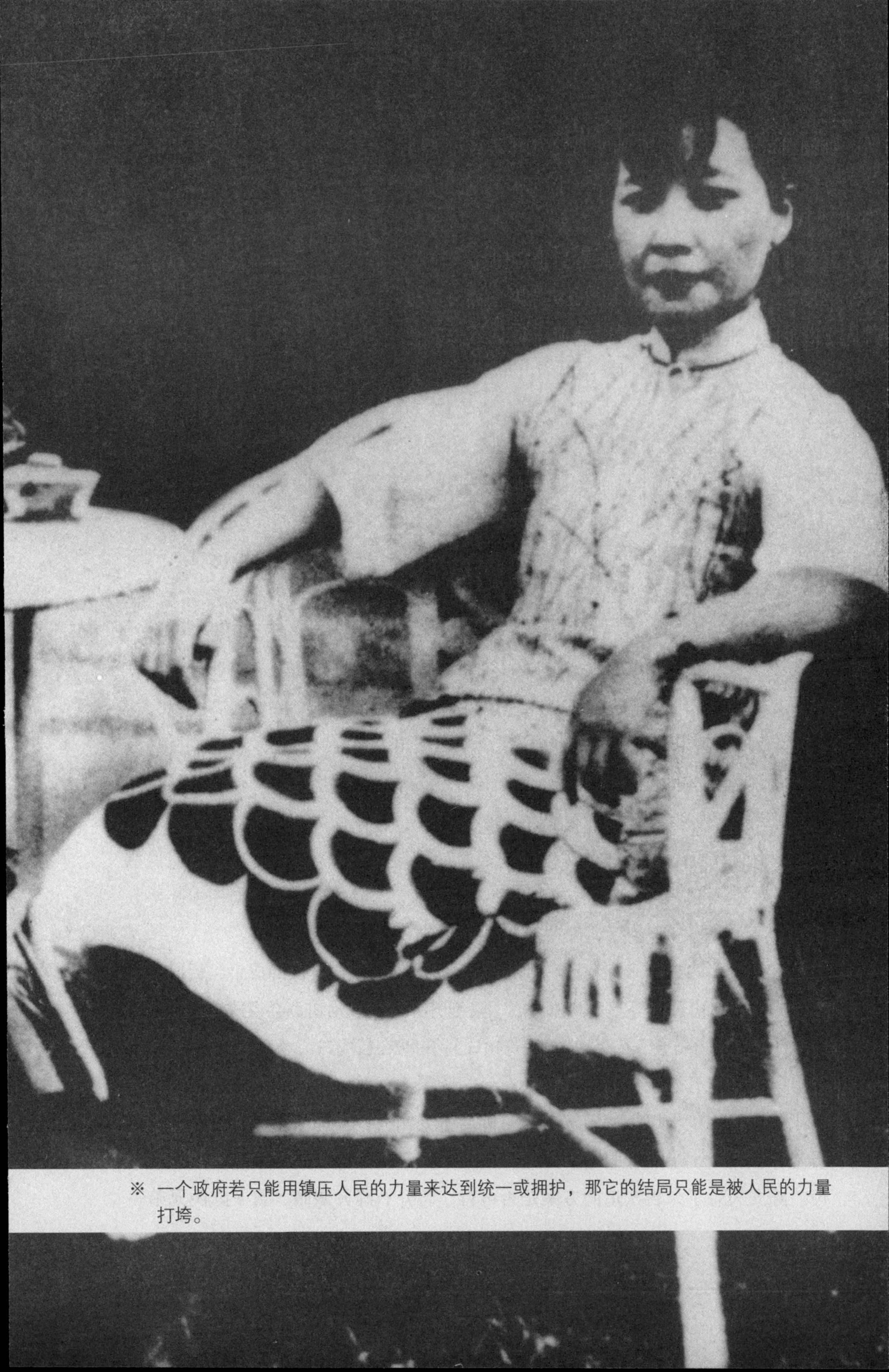

※ 一个政府若只能用镇压人民的力量来达到统一或拥护，那它的结局只能是被人民的力量打垮。

放肆。当晚的大会由李公朴任主席，由国民党代表邵力子、共产党代表王若飞作报告。王若飞在会上揭露了蒋介石提出的“军队国家化”的实质，是污蔑共产党“拥兵自主”、搞“封建割据”，妄图一口吃掉八路军、新四军，消灭人民革命力量。

这时，后面几排发出怪声吼叫，会场门口也有十几个暴徒，捏紧拳头准备行凶。中统特务刘俊山等敲起小锣，拿起木棍、石块向讲台砸去，会场秩序大乱。许多进步群众和爱国民主人士立即奔向讲台。在石头纷飞中，大家把王若飞送上轿车，直送到沧白堂大门之外，让汽车安全驶去。不少群众被石头砸伤，一个在会场发了言的青年，刚刚走出大门即被围殴，腹部受伤，另一群众前去扶持，也遭殴打，头部受伤。特务无法无天，激起了广大人民群众的愤怒。

1月27日，协进会在沧白堂举行第八次民众大会，到会的有3000余人。大会由阎宝航、李公朴、章乃器主持，国民党代表张群、吴铁城借故没有出席。在大会进行中，很多特务喧哗、漫骂。在郭沫若回答听众问题时，几十个特务打手破口大骂不准再讲。会议结束后，郭沫若走出大门即被特务打手包围辱骂，一直尾追至迁川大厦。郭沫若离开迁川大厦前去参加张君劢的寿辰茶会时，在路上特务又用石头砸他。李公朴从沧白堂到迁川大厦时，也挨了特务投掷的石头。国民党特务不仅骚扰协进会大会会场，还非法抓捕协进会工作人员，新闻记者李学民遭毒打。

中统特务王思诚指挥的“沧白堂事件”得到了陈立夫的嘉许，王思诚得意地说：“这不过是一支小突击队，牛刀小试耳！”但是，陈立夫指挥中统特务滋事破坏，并没有吓倒陪都各界人士，相反激起了各界的公愤。

1946年1月31日，政治协商会议闭幕。为了巩固政协会议的成果，促成五项决议的贯彻，协进会等23个团体组成“陪都各界庆祝政治协商会议成功大会筹备会”（简称“筹备会”），决定于2月10日上午9时在校场口广场召开庆祝大会。

筹备会召开庆祝大会的消息公布后，陈果夫、陈立夫兄弟十分紧张，决定组织中统的力量予以彻底破坏。兄弟俩商量妥当后，立即向蒋介石报告。蒋介石坐在沙发上，半闭着眼睛，听完陈氏兄弟关于破坏会议的方案后，半晌不吭声。陈立夫急了，再次追问方案是否可行，蒋介石睁开眼睛，看了陈氏兄弟一

※ 司徒雷登对陈氏兄弟的厌恶，从一定程度上决定了其失势的结局。

眼又闭目养神去了。对于这类事情，蒋介石历来是藏奸不露，不置可否，也就是默认。

得到默许后，陈立夫立即召集重庆卫戍司令王瓒绪、重庆市党部主任委员方治等面授机宜。陈立夫的副官长蔡良弼后来对人说："陈部长在公馆里召见了方治、叶秀峰、王思诚等人，研究了要以'民众对民众'的方法来破坏各界人士在校场口召开的庆祝大会。"

2月8日，方治召开重庆市党部第二十次临时执委会，传达陈立夫破坏大会的指令。他说："确知中共组织的'庆祝政协成功大

※ 当选为正副“总统”的蒋介石与李宗仁。

儀

※ 翁文灏，一介书生，在派系斗争中，被推出来当上“宰相”，可战时的“宰相”无自己的势力又怎能立足？翁不过是一过渡者而已。

会’，将于2月10日在校场口广场举行，‘政协决议’对我党不利，这个庆祝会对我党更为不利。中央指示，要将该会彻底破坏，可以相机行事。”

庆祝大会举行那天，陆续到会的各界人士达1万余人。大会正式开始前，中统特务刘野樵、吴人初等纠合特务打手抢先进入会场，以20多人为一组，分30多组，分布在主席台上下四周，而刘野樵、吴人初等跑上主席台，气势汹汹地霸占讲台。当筹备会总指挥李公朴一到，刘野樵就立即提出大会总主席问题。正当争论之时，市商会的周德侯即在扩音器上对台下声称：“我们选占中国人口80%的农会代表刘野樵担任总主席”，接着就悍然宣布开会、奏乐、唱党歌、读“总理遗嘱”，叫刘野樵讲话。

李公朴、马寅初、章乃器等当即严词抗议，正站在台上的施复亮更是忍无可忍，遂大声向台下宣布：“请大会总指挥李公朴讲话。”李公朴刚走到台前，即被特务打手包围，拳打脚踢。顿时台上台下秩序大乱，暴徒流氓大打出手。李公朴被踢到主席台下，胡子被扯掉半边，头部被铁尺打伤，血流如注。

郭沫若也惨遭毒打，眼镜都被打落。马寅初不但身负重伤，连马褂也被剥去，文稿也被抢走。施复亮被暴徒追打到附近一家小杂货店内，还不罢手。年近七旬的沈钧儒亦受暴徒追逐。

尽管许多与会群众竭力维持会场秩序，但由于这些特务蓄意制造事端，事先就准备了铁条、砖头，恣意逞凶，到会群众当场负伤

※ 杜鲁门失势了，连昔日里这位言辞慷慨的“第一夫人”也对他失去了兴趣。图为杜鲁门与宋美龄。

和失踪的就有60多人，会议无法继续下去了。中共代表周恩来到达会场时，特务已经动手打起来了，目睹惨状，他不胜悲愤，连声痛斥："这是什么国家！"育才学校留在校中的学生，闻讯赶来，才把几十名伤员护送去金汤街市民医院救治。

二陈兄弟一手制造了一场破坏政治协商会议、肆意践踏人民民主权利的大血案。校场口事件震惊中外，引起全国性的抗议风潮。2月10日晚，政协代表举行会议，对此表示严重抗议。12日，丧心病狂的国民党特务给周恩来寄来恐吓信，内附手枪子弹一颗。由此可见，陈立夫变态的"反共反民主"的本质。

对于国民党的残酷暴行，周恩来公开揭露陈立夫是幕后指挥者。他说："陈立夫先生又来上海了，他是来布置统一党政军的行动，镇压民主运动的。'黑名单'上列有许多民主人士，准备逮捕、殴打、绑票和暗杀他们。连民主人士的名字都在陈立夫先生的手上，更不论我们的共产党人了。我们来谈判就是准备着的，过去在重庆准备了八年，今后再准备八年吧。但这个代价对于他们还是不够的。他们还向手无寸铁的文学家、新闻记者、工业家、学生、平民索取代价，来维持统治者的独裁。我们不能忍受，我们要控诉……如果以陈立夫为首的特务机关说我是冤枉了他，希望他有所声明，并拿出事实来看。我们欢迎他的声明，我们共产党人愿意和真心悔过的人握手。我们和多少人握过手，我很难过地说，甚至和手上染有血的人握过手。为了人民，为了民主，为了国家，我们不惜忍气吞声地这样做……"

※ 白崇禧，蒋介石的又一个幕僚。图为白崇禧与蒋氏夫妇。

※ 李宗仁（右三），作为军人，无论在何处，多的总是英武之气。

内战失败的替罪羊

以陈立夫为首的CC系自重庆谈判以来所表现出来的顽固态度，深为美国后台老板所厌恶。美国总统杜鲁门的特使马歇尔毫不掩饰地斥责陈立夫为“反动的CC派首领”、“CC极右集团”。

1947年1月，马歇尔离开南京飞回美国。马歇尔来华调和国共争端，乘兴而来，败兴而归。在飞回美国前，他曾提出从国民政府内清除陈氏兄弟的CC系和何应钦、陈诚为首的黄埔系军人集团的要求。美国国务院也发表马歇尔关于中国时局的声明，强烈谴责以陈氏兄弟为首的CC系集团。声明称：“我认为，导致最近和平破裂的最重要的因素有这样一些：在国民政府（实际上就是国民党）一方，存在着一个由反动分子组成的统治集团，他们几乎反对我为促使成立一个真正的联合政府而进行的一切努力。”

马歇尔走后，美国驻华大使司徒雷登也一再请蒋介石打发陈立夫出国，以减弱CC系的影响。但蒋介石并没有理会司徒雷登，因为此时的蒋介石正在忙于和共产党打内战，他需要陈立夫的CC系在党内为他卖命。

蒋介石在战场上节节败退，国民党内部各个派系却为争权夺利而斗得不可开交。1948年4月19日，蒋介石的老对头李宗仁当选为副总统。这是蒋介石、陈立夫的一大失败，它表明在国民党内已经有很多人对CC系的统治政策十分厌恶。陈立夫知道自己把持国民党中央党务大权已经不得人心，就将很多CC系党徒们向立法院转移，他自己则当上了立法院副院长。

此时，国民党在大陆的统治已到了崩溃的边缘，CC系与政学系的争斗也进入了尾声，其最后一幕便是出任立法院副院长后的陈立夫指挥CC分子阻止政学系首领张群出任“行宪”后的首任行政院

※ 蒋介石曾三度下野，每次必到溪口的妙高台，积蓄再次出山的力量。

※ 下野后的蒋介石对前来看望的陈立夫多了几分热情，多了几分真诚。图为陈立夫夫妇。

长。CC系和政学系是老对头了，两派争夺了20多年，双方各有胜负，但谁也吃不了谁。CC系虽然势力强大，但因为政学系上层深得蒋介石的宠信，所以始终没有在CC系的打击下全军溃败。

5月20日，蒋介石、李宗仁宣誓就任总统、副总统。当晚，蒋介石召集国民党要员，提出行政院长可由张群或何应钦出任，让大家讨论。实际上，蒋介石倾向于张群，何应钦只是个陪衬。第二天，蒋介石提出要以张群为行政院院长，要大家在立法院行使同意权时一致支持。但是，CC系的立法委员一致主张用假投票的方式进行民意测验，以供蒋介石参考。CC系的用意很明显，就是反对张群组阁。张群见CC系反对他，便于当晚离开南京去上海，表

示不当行政院长。

蒋介石对CC系此举非常生气，亲自召集CC系、复兴社等重要分子训话。但张群不好意思再担任行政院长。于是，蒋介石将无根无派的“客卿”翁文灏推出来组阁。CC系与政学系斗法，却使得翁文灏这个“学者从政”的书生坐上“宰相”的高位。翁文灏基本上倾向于政学系，而政学系的另一要角俞鸿钧担任中央银行总裁，所以，政学系依旧操掌着国民党的行政、财政大权。陈立夫的CC系反对政学系并没有达到目的，却深深得罪了他们效力多年的主子。

蒋介石还对陈立夫去美国支持杜威竞选一事颇有成见。

1948年，美国总统大选从选举一开始，民意测验的结果就对现任总统杜鲁门不利。虽然杜鲁门竭尽全力，但一直摆脱不了不利的局面。在反共立场上，共和党人杜威是非常坚决的，而民主党人杜鲁门则比较温和，马歇尔调停失败后，更是对蒋介石十分失望，甚至转而扶植其对手李宗仁。杜鲁门在竞选中的不利，使蒋介石看到了希望，因为如果杜威获胜，美国政府不仅不会像杜鲁门那样设法赶蒋下台，反而会坚决支持。蒋介石看到杜威胜利在望，便毫无顾忌地支持共和党候选人杜威当选。

为了表明对杜威的坚决支持态度，蒋介石命陈立夫携400万美元，以参加

※ 蒋介石的故乡奉化溪口，景色秀丽，风光怡人。

※ 蒋介石虽身在溪边野炊，可心仍在虎视天下。

※ 阎锡山，即使在身家性命难保之时，依然爱财胜于一切。

美国道德重整会的名义，在美国两院议员中大肆活动。蒋介石的活动，引起了杜鲁门的注意，尤其是陈立夫携巨款在美国上蹿下跳的活动，使杜鲁门相当反感。他说："他们使许多众议员听他们吩咐。"

可是，蒋介石打错了算盘。在大选举行前的最后一个星期，杜鲁门神话般地扭转了局势。1948年11月2日，杜鲁门在美国大选中击败了杜威，当选总统。而此时，三大战役正在进行中，国民党人心涣散，美国的支援又迟迟不来，蒋介石忧心如焚，不得不由宋美龄出访美国，以协商美援事宜，但遭到了杜鲁门的回绝。

12月30日，白崇禧从武汉发来逼宫电报，逼迫蒋介石下野。而此时，杜鲁门政府却支持李宗仁和谈，同时避免中国倒向苏联，甚至不惜抛弃南京政府，和共产党建立正常关系。这使蒋介石愤慨至极，而又无法发泄，无奈之中，他就把一肚子气都撒在陈立夫身上。

一天，蒋介石对陈立夫说："有人说美援下不来，就是你陈立夫去美国造成的。"

陈立夫心里十分委屈，又不好直接顶撞蒋介石，只是说："您也这样认为吗？"

蒋介石把头一扬："我当然这样认为。"

陈立夫不服气地说："去美国为杜威拉选票是你派我去的呀。"

蒋介石瞪了陈立夫一眼，没说什么，起身走了。

1949年1月21日，蒋介石宣布辞职下野，由副总统李宗仁代理总统职务。对于蒋介石的"引退"，陈立夫还是禁不住泪流满面。他知道，自己和哥哥苦心经营的CC系，连同他们的命运，已经是日暮途穷了。

为了表示对蒋介石的忠心，陈立夫驱车前往机场送行。谁知，蒋介石却脸色铁青，根本不理陈立夫。陈立夫不知何因，毕恭毕敬地说："祝委座一路顺风，多多保重！"

蒋介石突然厉声说："你们不要表忠心了，我已经明白了，共产党没有打败我，打败我的是自家的国民党！"

陈立夫不由一怔，也不敢正视蒋介石一眼，更不敢说什么。

蒋介石更是生气，用手指着陈立夫的鼻子说："就是你们一班人！"

陈立夫默不作声。

临上飞机时，蒋介石又扔下一句："从今以后我再也不入中央党部的大门。"

陈立夫被蒋介石骂得面红耳赤，呆呆地望着飞机徐徐飞上蓝天。

20多年来，陈立夫对蒋介石忠心耿耿，此次蒋介石不但不领情，反倒把陈立夫臭骂一顿，这是令陈立夫意想不到的。他感到不解、委屈和愤恨。其实，蒋介石认

※ 蒋介石对CC系的失势，面露欢颜。真是几家欢乐，几家愁呀。

为是二陈坏了他的大事，正是二陈操纵党务，培植CC系，使党内派系斗争十分复杂，是二陈搞特务政治，激起天怒人怨，才导致了他的失败，虽然这些都是他自己操纵二陈干的好事。

每当想起在机场遭到蒋介石一顿臭骂的情景，陈立夫就满腹怨气，愤恨至极，他真想找个场合好好发泄一下，甚至想找蒋介石讨个公道，说个分明。陈立夫想：自己鞍前马后追随你蒋介石多年，一切行动不都是秉承你蒋介石的旨意吗？想不到临到下台，一股怨气都发在我的身上来了。于是，他茶饭不思，整日躺在床上，但又睡不着，CC系的人来看他，他理都不理。

好在陈立夫家里还有个善解人意的夫人孙禄卿。她见陈立夫这般沮丧，便给陈立夫端茶倒水，还经常一边给他捶背一边宽慰他。

过去，陈立夫对党内的事情从来不和孙禄卿讲，他不愿让夫人参政，而如今国民党兵败如山倒，自己也是穷途末路，只有夫人还陪伴着他，心里多少有些慰藉，就把在机场被蒋介石痛骂的事说了一遍。

孙禄卿听罢，温柔地说："既然事情已经过去，何必为它闷闷不乐，当心别把身体搞坏，果夫兄已病成那个样子，你再……"

听夫人这么一说，陈立夫不由想起陈果夫来，心中又涌起一阵酸楚：兄弟俩追随蒋家不遗余力，果夫重病在身，生命垂危，自己遭到冷落痛骂，心中有说不尽的委屈。

孙禄卿接着说："我想蒋先生说的可能是气话，面对现在的残局，他心里也不一定好受，往日里蒋陈两家还是有缘分的嘛，我们不妨往长远里想一些。俗话说，识时务者为俊杰，我看蒋先生这次下野也是暂时的，迟早有复出的一天，只要国民党存在，将来还是蒋家的天下，我们将来还得靠蒋先生。我看你还是亲自去趟奉化，看望看望蒋先生。"

浙江省奉化县溪口镇是蒋介石的故乡，这里地处四明山南麓，山环水绕，风景秀丽。回老家的蒋介石却心在南京，他仍然放心不下党务、军务，想起内战以来，国民党军队节节败退，而国民党内部派系丛生，内讧加剧，国民怨声载道，叫骂连天，身为国民党总裁、国民政府总统，他心里像压着一块沉重的石头，又恼又羞。

蒋介石虽然下野，但很多国民党军政要员都前来看望他。陈立夫也来了，与上次不同，这次蒋介石对他十分热情，让他心里放松了很多，甚至有些激动。蒋介石也知道，国民党的失败不能完全怪罪陈立夫，就对他说："立夫，上次对我的牢骚不会计较吧？"

陈立夫一听，忙说："委座的批评很中肯，立夫岂有计较之理？"

蒋介石谦恭地说："那天我心情不好，态度也不好，如果言重了，还请立夫原谅。"

陈立夫有些受宠若惊，说："委座不必提起，事情已经过去了。"

蒋介石又问起了陈立夫的家庭情况，问起了陈果夫的病情，对二陈显得十分关心，使陈立夫十分高兴。

1949年7月，蒋介石重新夺回党政军大权。但此时国民党军队已不堪一击，蒋介石一路上从广州飞到重庆，从重庆飞到成都，最后召开会议，决定将政府迁往台北。国民党要员们跟随蒋介石跑来跑去，刚到达一个目的地，身上的尘土还没拍干净，又要火速转移。

陈立夫、朱家骅等陪"行政院长"阎锡山乘飞机逃往台湾，飞机飞抵川鄂交界处，遇到一股强烈的寒流，飞机两翼结冰，飞机直线下降700米，无法继续前进，不得不折返成都。陈立夫开始以为飞机迫降在被中共占领的汉口，赶紧从手提箱中取出小手枪准备自杀。他不想做中共的俘虏，因为他"反共成绩"太大，当不起中共的俘虏。但飞机着地后，飞机师却宣布飞机返回了成都，让陈立夫白白虚惊一场。

下了飞机，陈立夫才知道，原来是阎锡山在飞机上放了过多的金条，因为超载才发生了这场风险。陈立夫便赶去与阎锡山商量，阎锡山坚持宁可减少卫士数人，也不能扔掉金条。12月8日上午10时，陈立夫、阎锡山、朱家骅乘坐的飞机从成都机场再次起飞，穿过台湾海峡到达台北。

当中国大陆欢庆解放之时，惊魂未定的蒋介石、陈果夫、陈立夫等国民党要员，已退缩在孤岛上唉声叹气，愁绪满怀。而昔日国民党的靠山美国政府也采取了让蒋介石集团自生自灭的政策。1950年1月5日，杜鲁门在一份声明中特别宣布："美国对台湾或中国其他领土从无掠夺的野心。现在美国无意在台湾获取特别权力或特权或建立军事基地。美国亦不拟使用武装部队干预其现在的局势。美国政府不拟遵循任何足以把美国卷入中国内争中的途径。"杜鲁门的

※　朝鲜战争爆发。

声明对于蒋介石集团来说，无疑是致命的一击，台岛也陷入一片混乱。

然而，时局很快就发生了变化。1950年6月25日，朝鲜战争爆发，美国派出第七舰队进入台湾海峡。这打乱了远东局势，不仅使蒋介石有了负隅顽抗的资本，甚至还产生了“反攻复国”的幻觉，并且一直叫嚣了20多年。

台湾局势稳定后，国民党统治集团内部纷纷要求追究内战失败的责任。蒋介石认为，国民党在大陆的失败，其重要原因之一就是国民党内的派系倾轧。但“领袖”是永远也没有罪的，所以蒋介石为了做出交代，必须找出替罪羊来。而蒋介石找到的替罪羊就是长期主管党务的陈果夫、陈立夫兄弟，陈果夫此时已经是久病不起，无所作为，所以蒋介石要“改造”的也就是陈立夫和他的CC系了。同时，美国后台老板也极不喜欢以陈氏兄弟为首的CC系，如今蒋介石集团的生死存亡都操纵在美国人手中，为了取悦美国人，陈氏兄弟也就必须清除出局了。

※ CC系的大势已去，陈立夫只有无限伤感，却无可奈何。

同时，陈立夫被清除出局，与陈诚、蒋经国的联合攻击也有很大关系。陈诚领导的三青团与陈果夫、陈立夫兄弟的CC系是多年的老对手，双方积怨很深。陈诚一直认为，国民党的失败，二陈兄弟应负责。有一次，陈诚在台北举行的总理纪念周上公开声明：“我们不要政治垃圾再来到台湾。”大家都知道，陈诚口中的所谓“政治垃圾”自然是指陈立夫了。

陈诚当上“行政院长”后，曾要求“立法院”给予“行政院”可“以行政令代替法律”的特权，但遭到陈立夫把持下的“立法院”拒绝。两人相持不下，趾高气扬的陈诚咬牙切齿地说：“我要把陈立夫和CC分子统统送到火烧岛上去监禁！”这对迁台初期的国民党政坛来说，无疑是一场轩然大波。

这句话被CC派的人听到了，马上报告给陈立夫。陈立夫知道，陈诚后面有蒋介石撑腰才如此猖獗，所以只好忍气吞声。CC系很多人都逃亡海外，有的留在大陆，来到台湾的CC系人物也并不齐心，陈立夫感到一种莫名的失落。

在国民党的“改造”中，被称为“党务专家”的陈果夫、陈立夫兄弟彻底出局。如果说陈果夫身体欠佳不被重用还可以理解的话，那么陈立夫年富力强，也被拒之门外就不可理解了。陈氏兄弟死心塌地地追随蒋介石，陈立夫更是忍辱负重，卑躬屈膝，为蒋家出尽了力气，如今落到这般地步，可谓可悲而又可怜。

陈立夫对自己来台湾以后的政治境遇是有所预料的，但他没想到这么快被一脚踢开。一天，蒋介石召见陈立夫，问道：“立夫对‘中央’这次‘改造’有何见教啊？”

陈立夫知道此时此刻是话不投机半句多，于是很随便地说：“委座推行‘改造’成就是显而易见的。”

※ 陈立夫被清除出局，陈家的势力一去不复返，无论谁登上“皇位”，蒋家都可以安心了。图为（左起）蒋经国、蒋介石、蒋纬国。

蒋介石见陈立夫这么说，心里就踏实了，于是问道："关于党部的人事安排，立夫有什么想法？"

陈立夫当即答道："大陆失败，党、政、军三方面都应该有人出面承担责任。党的方面应由我和果夫承担，因此，我与果夫不宜参加党的'改造'。"

陈立夫之所以这样说，本是以退为进，投石问路之意，他想看蒋介石做何反应。谁知蒋介石却顺水推舟，说："好，好哇，立夫果然敢于面对现实，值得敬佩。"

陈立夫一听十分生气，心想既然和蒋介石关系搞到这种程度，何必还遮遮掩掩，就很严肃地说："那么，请问委座，军事上、政治上、经济上的责任究竟由谁来承担呢？"

蒋介石默不作声。

陈立夫更是生气，说："我党曾是拥有400万党员的大党，而来台湾的仅有7万多。2961名国大代表中，来台湾的仅有1080人，总数760名的立法委员，来台湾的约330人。至于军队、地盘、外交、经济、政治等方面的损失，则无法统计，难道这些责任也由我和果夫来负吗？"

经过这番争执，陈立夫和蒋介石的矛盾也就公开化了。

被踢出政坛的陈立夫躺在床上，不出门，不见客，茶饭不思，好在夫人孙禄卿日夜陪伴着他。她对陈立夫百般柔情地说："不管你为官还是为民，禄卿誓与你同甘共苦，风雨同舟。"

在夫人的安慰下，陈立夫心情才有些好转。孙禄卿又开导他说："我们都过了半辈子了，什么还看不透，何必要为身外之物争执不休？"

这时，陈立夫有些激动，说："我为党国呕心沥血二十余载，没有功劳有苦劳吧，到如今却被一脚踢开，公理何在？"

※ 宋子文作为蒋家的至亲，在政治纷争中，却也过早地离开了这摊浑水而远走他乡了。

孙禄卿给陈立夫倒上一杯清茶，递给他，说："事到如今，你应该看破红尘了。既然你知道蒋家的为人，还争一席委身之地干什么？所以我说，像我们这个年龄的人，应该把权力、金钱等等都看做是身外之物，只有身体是自己的，我们应该好好保养，安度晚年才是。"

陈立夫叹了一口气："唉！安度晚年？如果在台北，恐怕不会有好的晚年可度啊！"

孙禄卿说："那咱们远走高飞啊！"

陈立夫一惊："远走高飞？"

孙禄卿道："对，咱们远走高飞。你想想，宋子文走了，孔祥熙走了，他们是发了国难财以后，在国民党危急时刻走的。我们一生清正廉洁，上不愧党，下不愧民，中间不愧自己的良心，而且我们一直追随着党，最后是蒋家抛弃了我们，我们走到哪都心安理得，踏踏实实。"

陈立夫眼睛一亮，同时也感到无可奈何。

陈立夫在台湾的最后一次公开露面是出席"中国工程师协会"年会。这个协会也是陈立夫能坚持的最后一块阵地了，他想临走前与自己的部下告个别。他的老部下们都声泪俱下，再三劝陈立夫不要离开台湾，并表示愿意与他继续奋斗，再创一番事业。这让陈立夫十分感动，在受到蒋介石的冷遇、陈诚的排挤之后，他才体会到世态炎凉、人间冷暖，只有情谊是无价的。

没过几天，蒋介石派人来看他，并送上5万美元，说是作为资助费用。蒋介石的用心显而易见，逼他早日离台。真是司马昭之心，路人皆知啊！

临走前，陈立夫还前去看望蒋介石，不料蒋介石却不在，宋美龄接待了他。告别时，宋美龄从书架上取了一本《圣经》递给陈立

※ 孔祥熙，国民党的"财神爷"，贪婪无比，终于引起激愤，而远走美国。

夫，十分关切地说："你在政治上负过这么大的责任，现在一下子冷落下来，也许会感到难以适应。这里有本《圣经》，你带到美国去念吧，你会在心灵上得到不少慰藉。"

宋美龄这几句关切的话，倒激起了陈立夫的无限怨气，他站起来指着墙上挂着的蒋介石肖像，言语低沉，但却字字含恨地说："夫人，谢谢你的好意。可你想过没有，那活着的上帝都不信任我，我还希望得到耶稣的信任吗？"

宋美龄没想到陈立夫会如此回答，一时间感到无言以对，甚至很尴尬。

陈立夫见宋美龄面色发窘，自己想说的话又说出来了，感到痛快了许多。

1950年8月4日，陈立夫偕夫人孙禄卿及一子一女，怀着无比苍凉的心情离开台湾去了美国，开始了他的晚年岁月。

异国的田园生活

刚到美国，陈立夫还是"人在美国，心在台湾"，时刻想着等局势有所好转，再返回台湾政界。然而，从台湾传来消息，蒋介石指定的"中央改造委员会"正式掌管"中央党部"的大权，而蒋经国的三青团和军方领导人陈诚两次"组阁"，奠定了强大的政治基础，CC派残余力量在失去二陈的不利形势下，已经无力回天。

看来，台湾是不能回了，陈立夫只有随遇而安了。首先他要维持生活，昔日显赫一时的国民党大腕，今日却要在异国他乡自食其力了。于是，陈立夫决定以养鸡糊口。

※ 风中不凋的红玫瑰，刺人抑或刺己……

※ 乘风归去，也无风雨也无晴。

陈立夫买来了6500只鸡，雇佣了几名工人，精心喂养。他阅读养鸡类的书，学会给鸡打针、吃药、喂食、捡蛋等活计，干得很投入，很开心。起初没有任何经济基础，给鸡买饲料，上街卖鸡蛋，全由陈立夫肩挑背扛。一个从学校门口直接进入政坛的陈立夫，怎么受得了这种洋罪，体力上哪能吃得消？

经过一段时间的精心经营，渐渐有了点家底，陈立夫便先买了辆破车，他很快学会了驾驶。于是，他就每天开着它到镇上买饲料、卖鸡蛋，可谓不亦乐乎。在陈立夫的苦心经营下，第一年的收入，除去工人的工资以外还有不少盈利。想到从事经济竟比搞政治更得心应手，见效也快，陈立夫也渐渐从昔日抑郁、苦闷的情绪中解脱出来。

经过大起大落的宦海沉浮，陈立夫的心境慢慢有所变化，闲暇之余，他就捧着一本《易经》啃读，更是清心寡欲。书中所强调的“无平不破，无往不复”的对立统一的思想，正巧印证了他在国民党执政中从登峰造极到一落千丈的必然归宿。

陈立夫孜孜不倦地读《易经》，并写出自己的心得体会，反复研究，终于写成了《四书道贯》。《四书道贯》在美国竟十分畅销，一版再版，共销了3万多册。这使陈立夫感到万般高兴，他总算找到了一种精神寄托。于是，读书、写作成了他的主要业余爱好，再也不为政坛上的失意而耿耿于怀了。

在美国待久了，一些新闻界的记者们便趋之若鹜，对他这位昔日政坛上的显要人物颇感兴趣，都想得到有价值的新闻。而一些作家也采访陈立夫，觉得他的人生经历很有文学价值，要给他写一部传记。

失意中的陈立夫对文人墨客的来访当然十分欢迎，但谈起政治来却十分谨慎。他最不愿意有人问他关于台湾和中国大陆的情况，就用“一言以蔽之”挡过去了。有一次被问得没办法了，他就很直接地回答说：“过去国民党是我一手搞的，现在被打败了，打败了就打败了，败军之将不可言勇，有什么好谈的？”

这时，夫人孙禄卿接过来说：“我觉得立夫现在不为此事自怨自艾，远离政坛，这也是我们后半生的一大福分。”

记者对孙禄卿的话很感兴趣：“夫人感觉现在的日子比以前如何？”

孙禄卿说：“别看我们现在这么忙，我倒觉得，这才是人的生活。过去在南京，哪里是人的生活呢？”

陈立夫接过来说：“中国有句老话，叫‘三十年河东，三十年河西’。《易经》上也讲，万事万物都在发展变化之中，我们如今落此光景，也是自然规律啊！”

记者问陈立夫：“那你现在的心境如何？”

陈立夫笑笑说：“自得其乐，乐此不疲。”

1961年，陈立夫的父亲陈其业在台中病危，蒋介石亲自向远在美国的陈立夫发了电报：“尊翁病危，盼即返‘国’。”收到电报，陈立夫百感交集。

10年前，因为政治原因，他离开80高龄的父亲，远走异国他乡。当时，兄长陈果夫卧病在床，病入膏肓，但他还是决意走了。第二年，陈果夫去世，台湾发来电报，让他回去参加葬礼。同胞兄弟在政坛上风雨同舟几十载，何尝不想回去见兄长一面，但当时刚刚离开台湾，蒋介石正集中精力整肃CC派，他不敢回去。自己的亲兄弟去世，自己却不能回去，想起告别前哥哥那张痛苦的脸和那些令人伤感的话，陈立夫就肝肠欲裂，痛不欲生。

国民党“改造”以后，封赠陈立夫为“国策顾问”、“总统府咨政”等虚

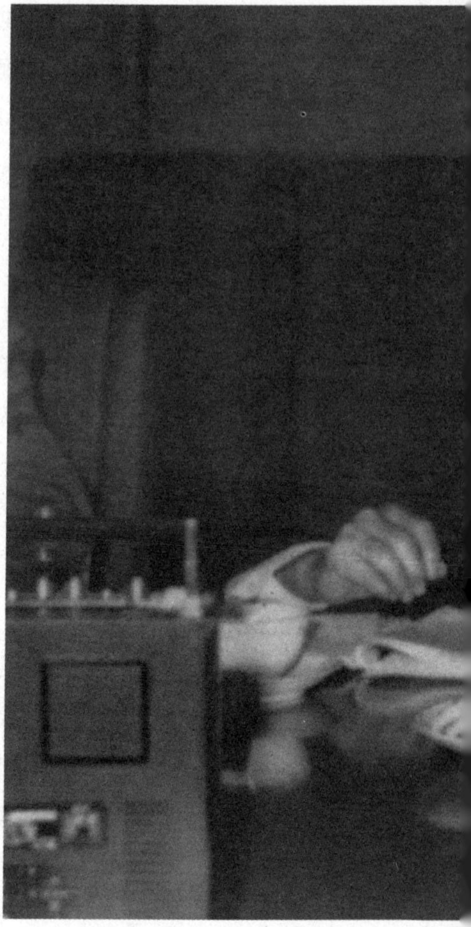

※ 曾经的荣华富贵都随之逝去，留下的只有到异乡去开拓另一番天地。

衔，但陈立夫仍不敢回去。国民党“八大”时，又把陈立夫增选为“中央评议委员会委员”，陈立夫仍未回去。1958年以后，蒋介石曾几次托人捎话，让陈立夫回台湾看看，他也谢绝了。

现在，年逾九旬的老父亲就要去世了，回不回去呢？10年了，生未能尽孝，死了还不为老人送终吗？这简直是天理难容。可是，回去又怎么样？家里的摊子谁来经管？还有，台湾政界是什么样的态度，蒋介石对自己是什么态度，回到台湾，会见到一张张什么样的面孔？

孙禄卿很理解丈夫的心境，安慰他说：“不管怎么说，老人病危了，我们

※一生风雨终相伴。图为陈立夫与夫人孙禄卿。

也应该回去，不然于天于地于良心都说不过去。我们回去是看望父亲的，不问政治就是了嘛，有什么值得为难的？”

陈立夫觉得夫人的话很有道理，于是决定回台湾。

1961年2月24日，陈立夫抵达台北松山机场，受到蒋经国、陈诚等国民党政要以及自己的旧部的热烈欢迎。他无论如何也没想到，自己是在政治上失意之时离开台湾，在美10年，一直过着隐居生活，清心寡欲，不问政治，而一朝回台后，却受到如此隆重的欢迎，真有受宠若惊之感。

回到台北寓所后，陈立夫发表书面谈话，“立夫出国年逾十载，退思补过，蛰居美国乡间，绝不耳闻政治”，“如家父病体幸得告痊，仍拟与内子即行返美。因离美时匆遽成行，各事均暂托友人代为照料，日久则困难殊多”，对自己来台以后的去留问题做了答复。

陈立夫此行回台的确并未打算在台北久留。但他心中的政治之火并未完全熄灭。这次有机会重返台湾，看望父亲是主要的，但他也想顺便观望一下“台湾政坛”，试探一下蒋介石对自己的态度。如果台湾能容，他还是有意回台，远走他乡、自谋生计毕竟也是很凄苦的，尤其是精神上的思乡之情，是任何物质享受所不能替代的。

到台湾的第二天，陈立夫前往“总统官邸”拜望蒋介石。蒋介石表现出特有的热情，与陈立夫紧紧握手，亲切问候：“立夫，在美国也混得不错吧，虽然不断打听你的消息．亦曾几次写信予你，但毕竟10年过去了，难得一见啊。”

陈立夫说：“我在美国的乡下生活，那里风景秀丽，气候适宜，颇能修身养性。我做些养鸡著书的事，倒也过得充实，只是闲下来的时候，也常想起台湾，想起‘总统’。唉，毕竟是故乡难离啊！”

陈立夫说这话的用意是想试探一下，蒋介石对他这次回台有什么安排。但蒋介石却有意避开话题，让陈立夫有些灰心。陈立夫哪里知道，此时的蒋介石正一心要把“太子”蒋经国扶上宝座，卧榻之旁，岂容他人酣睡？现在蒋经国的地位还没有真正稳固，CC派的影响还不可小觑，此次怎能让陈立夫卷土重来呢？

陈立夫见重返政坛无望，便一心一意侍奉父亲，尽儿子应有的孝道。不久，陈其业病逝。为父亲奔完丧，陈立夫即悄悄返回美国。离台前，他考虑到再回台湾已不是件容易事，便携夫人游览了日月潭和高雄港，再次领略了台湾宝岛的壮美风光。

回到美国后，陈立夫的农场因40多天无人照管，房屋积满灰尘，地里杂草丛生，一片荒芜。陈立夫夫妇立即卷起衣袖进行打扫，重整家业。几天之后，这里的一切又恢复了原样。

不久，陈立夫又扩大了农场规模，所养的鸡最多时已超过7000多只。他们夫妇两人忙不过来，又雇佣了几个工人帮忙。很快，他们又投入到原来的田园生活中，失去父亲的哀伤、台湾政坛的纷争，渐渐

※ 又踏故土的陈立夫，除了对故乡的念念不忘之外，对国民党官员更多的是岁月的感慨。

※『总统府』巍峨高耸，可里边的人对这位归来的曾经的国民党高官早已失却了兴趣。

置于脑后。

“结庐在人境，而无车马喧”的隐居生活，使陈立夫又多了几分闲情逸致。夫人孙禄卿善于书画，作品颇丰，陈立夫除了吟读古诗名句以外，剩余时间，也向夫人学学书画，夫妇二人互相切磋勉励，家庭气氛更加和谐美满。

有一天，夫妇二人在家闲坐。孙禄卿给陈立夫画了一幅画，画面上的陈立夫头戴斗笠，肩负重担，独行在田间小路上，路两旁是鸟语花香，芳草侵道；天空碧蓝如洗，清澈若水，远处雁阵高飞，人字成趣，脚下一条小河若飘荡的绸带，缓缓东流。画面的落款上写道：“采菊东篱下，悠然见南山。为夫君兴来所作。”

陈立夫望着夫人的作品，心中忽然荡起一种悠然自得的神情。

孙禄卿问道：“怎么样，喜欢吗？”

陈立夫笑起来：“太妙了，太妙了。”

孙禄卿接着说：“这幅画比我以前的作品有诸多变化，不知立夫看出来没有？”

陈立夫想了想说：“从用墨上来讲，比以前更加挥洒自如，一泻千里，追求古朴自然的内蕴，展现流畅的线条与传神的人物形态，动中有静，静中有动，真乃传世之作。”

孙禄卿并不完全满意他的夸奖，接着问：“还有呢？”

陈立夫又看了一会，没说出什么。

孙禄卿笑着说：“我以前的作品，大部分是写生，这幅画却完全是写意的，不知立夫看出来没有？”

陈立夫摇摇头：“写意？”

“对！大写意。”孙禄卿说，“你瞧，你头戴斗笠肩挑重担，迈着悠然自得的步伐，行进在田间小径，这就是写意。”

陈立夫还是看不出来。

孙禄卿说：“斗笠象征着你曾为官，斗笠之所以偏到一边，是因为你已把官场置之脑后，肩挑重担，而又悠然自得，是说你摆脱了政坛上争论倾轧，还民间百姓生活，虽肩负重担，而心情舒畅，万事悠悠。用美好的大自然风光衬托你田园生活的乐此不疲，使这幅画完全成了你此时此地心情的写照，从而，也抒发了人类回归大自然的妙趣无穷。”

陈立夫咧嘴大笑：“真乃知我者夫人也。”说完，笑个不停。

与世无争的田园生活确实给陈立夫夫妇带来了无穷的乐趣。共同的命运，共同的信仰，共同的生活情趣，也使他们夫妇更加情投意笃，一直到老年，陈氏夫妇始终相敬如宾，相濡以沫，生活得很幸福。

1964年10月，发生了一场森林大火，将陈立夫的农场化为灰烬。这场无情的大火，把他平淡的田园生活烧焦了，10余年苦心经营的心血被毁于一旦。为此，他情绪很低落，自己在政坛上失意被迫远走他乡，原想在平淡无奇、与世无争的田园生活中得到一些慰藉，谁料，躲过了人祸，又遇上天灾，这世道为什么这样不公道？

此时，陈立夫的儿女们也都希望父亲能放弃农场，与他们一起生活。陈立夫知道儿女都很孝顺，也有能力养活他，让他安度晚年。但他过惯了这种“晨兴理荒秽，戴月荷锄归”的田园生活，从痛苦走出来后，就又开始整理荒地，盖起了房舍，并重新买了一些鸡来喂养。同时，他们还在家中搞起了皮蛋、咸蛋、豆腐乳、粽子等副业，将这些产品运到纽约，卖给那里的华侨餐厅。

就这样，陈立夫夫妇又开始了他们自己的田园生活。

期盼统一

1969年，陈立夫应蒋介石父子之邀回台定居，蒋经国在他迁台前已经给他选了依山傍水的住宅，

※ 蒋介石对他已不再有兴趣，而他也淡泊名利，不再过问政治，但晚年的陈立夫仍积极倡导两岸的和平统一。

※ 晚年的陈立夫著书立说，已然将自己曾在政坛上的风云视为过往烟云了。

※ 相伴一生的人，在共同庆祝他们87岁的钻石婚。

供他安度晚年。步入暮年的蒋介石，把在美国漂泊的陈立夫召回台湾定居，此举无论对已故的陈果夫也好，还是被他逼走的陈立夫也罢，包括对一些国民党元老，都是一种安慰。

陈立夫很快又成了新闻人物，有记者问他："陈先生这次回台定居有什么政治目的？"

陈立夫答道："坦率地说，无任何政治目的，我是中国人，回到自己的国土，是我多年的愿望，我希望平平静静地在自己的国土上安度晚年。"

记者又问："如果政府要你出来担任要职，重返政坛，你会做出什么样的反应？"

陈立夫答道："经过20年的田园生活，我对政治已完全失去了兴趣，回到台湾以后，宁愿专心做一些研究性工作，绝对不过问政治，况且我已年老体衰，力不从心，也无法继续从政。"

有记者问："你对养鸡业颇有研究，如果有哪家实业单位以高薪聘你去当董事长，你是否出任？"

陈立夫答道："我在美国养鸡，纯粹是为消遣和生活，并无心做此类研究工作。我对金钱不感兴趣，何况，我已这般年纪，儿女们都有自己较丰厚的收入，更不需要钱。"

有记者问："你对台湾政局的现状有何高见？"

陈立夫答道："无可奉告，不谈政治。"

看来，这次回到台湾的陈立夫是真的没有政治欲望了。

20世纪70年代，国际形势风云变幻。第二十六届联大以压倒多数通过决议，恢复中华人民共和国在联合国的一切合法权利，立即驱逐蒋介石集团。美国、日本等许多国家相继和中国建交，承认中华人民共和国政府是中国的唯一合法政府。于是，"中华民国"的"驻外使节"，纷纷卷旗归台。蒋介石多年来"反攻大陆"的幻想彻底破灭了。

晚年的陈立夫虽然淡泊名利，但却积极倡导海峡两岸统一，这对于当年的"反共先锋"来说，确实是难能可贵的。

1973年，陈立夫满怀热情，写了一篇呼吁祖国尽早统一的文章。限于当时客观现实，在香港《中华月刊》发表时，用了辜君明（意即姑隐其名）的化名。文中说："中国统一的真正实现，使世界知道，中国人是不可欺的。""要使中国成为文化大国，为全人类所崇仰，帝国主义者无从破坏。"陈立夫已经认识到，要使中国强大起来，经济发展，文化光大，必须依靠中国人自己的努力。

陈立夫认为，国共两党曾有两次合作成功的先例。第一次合作，促成北伐；第二次合作，赢得了抗战最后胜利。那么，时至海峡两岸隔绝几十年以后，为了祖国的统一，国共两党应实行第三次合作。

1979年元旦，中国人大常委会发表《告台湾同胞书》，宣布"在解决统一问题时尊重台湾现状和台湾各界人士的意见，采取合情合理的政策和办法，不使台湾人民蒙受损失"。1981年9月30日，全国人民代表大会常务委员会委员长叶剑英进一步阐明台湾回归祖国，实现和平统一的九点方针政策。不久，胡耀邦又公开邀请蒋经国等国民党党、政、军高层领导及各界人士回大陆故乡来看一看。

但在台湾当局，以国民党某些元老和军政系统为代表的党内保守派，对共产党的仇恨却仍然歇斯底里。无论共产党怎样表现出诚意，在他们眼里都是"统战花招"、"政治阴谋"、"武力犯台的烟雾"、"做给外国人看的姿态"。他们也讲"一个中国"，也爱谈"统一问题"，但他们能讲的"一个中国"是"中华民国"；他们所要的"统一"，是"国民党重返大陆行使统治权"。

对于中国大陆对统一祖国做出的努力，陈立夫很受感动，他看到了海峡两岸炎黄子孙言和握手的曙光，看到了中国人的凝聚力和爱国心，并愿意为祖国的统一做出自己的努力。

1981年1月，陈立夫为王恩诚主编的《中国向何处去》一书写了一篇序言，序中明确地表达了他希望用"三民主义统一中国"的思想："中国近百年来思想之演变，由传统进行现代革命化之改革运动，始自洋务运动，中经戊戌变法、维新，而成了辛亥革命。每一运动虽有其时代背景而成败不一，惟其中心思想皆以中国传统思想之仁政为原动力，以救国救民为目标。故前此数十年，虽以内忧外患，相继不绝，政局未能稳定，人民生活困苦，而立国精神，尚未丧尽……余固确认三民主义统一中国有其必然性，犹表之与影，答呼之与响，无可置疑，惟视国人努力何如耳。”

※ 政坛归来，顿感沧桑。再次执锄，曾经沧海难为水。

※ 1982年12月22日，陈立夫颁发金鼎图书奖。

陈立夫主张用“三民主义统一中国”，然而令人非常遗憾的是，他毕生主要精力捍卫的并不是孙中山倡导的真正的三民主义，而是蒋介石的“三民主义”，这种“三民主义”不民族、不民主也不民生。所以，陈立夫所提倡的“三民主义统一中国”，与“反攻大陆”、“光复大陆”没有本质区别。历史已经证明，陈立夫倡导的“三民主义”救中国是不可能的。

根据“一国两制”的战略构想，香港、澳门问题得到顺利解决，台湾问题如何解决更加引人注目。中国共产党也多次向台湾当局表示，希望以“一国两制”完成祖国统一大业。并指出，台湾和大陆统一之后，其所享受的自治权力比香港、澳门等地区还要多，台湾可保留自己的军队等。然而，台湾当局却无动于衷。而此时，陈立夫盼望祖国统一的愿望却更加迫切了。

陈立夫的家乡在浙江吴兴，莫干山的娴雅多姿，太湖水的浩瀚无际，始终让他难忘。台湾虽风光秀丽，物产丰富，但那毕竟不是自己的故乡。陈立夫十分思念自己的故土，思念尚在大陆上的亲人。随着形势的不断变化，随着对大陆了解的加深，陈立夫的思想也在变。

1988年7月，陈立夫联合34名“中央评议委员”提交了一个议案，提案的名称是《以中国文化统一中国，建立共信；以投资共同实行国父实业计划，建立自信，并以争取大陆民心，以利和平统一案》。在这个提案中，陈立夫等人明确指出：“中国之统一为台湾海峡两岸及海外全体同胞之共同愿望，故仅为时间问题。”如何实现祖国统一呢？陈立夫等人明确提出以中国文化作为实现祖国统一的基础。

※ 晚年的蒋介石看“光复大陆”的梦想遥遥无期，聊度寂寞时光时，便又想起了那些曾经为他不辞劳苦的功臣们。

关于实现祖国统一的进程，陈立夫等人认为，在自信的基础上，以台湾的科技潜力，与大陆的人力、物力资源，“共同成立国家未来计划经济委员会”，开展两岸的经济合作，进而双方在各方面之敌对行为全部去除，在此基础上，通过“政治整合之协商”，实现两岸经济、政治、文化的全面合作，从而达到两岸统一。

从这项提案可以看出，陈立夫已经放弃了原来“以三民主义统一中国”的主张，首次公开肯定国共两党可以通过中华文化的认同，经济合作互惠，消除敌对，建立互信，并在此基础上实现政治合作，实现海峡两岸的和平统一。他的这些设想是顺应两岸人民强烈要求和平统一、振兴中华的历史潮流的。

陈立夫等人的提案公布后，中国共产党对提案表示欢迎，已是垂暮之年的陈立夫，再次成为新闻人物，这对陈立夫是一个很大的鼓舞。此后，他曾在多种场合，对海峡两岸的统一问题发表多次谈话，希望国共两党不计前嫌，以诚相待，共同携手，共同合作，希

※ 晚年的陈立夫，经历了政治上的大风大浪，又经历了经济上的惨败，他已心如止水，淡泊名利了。

※ 能在风云变幻的国际形势中，认清主流，晚年的陈立夫在境界上已跃上了一个新台阶。

望统一之日尽快到来。

陈立夫的提案在台湾岛内也引起很大反响，不少杂志发表文章，对这一提案展开评论。当年这位“反共”守旧老人，一下又跃居为“和平统一”的急先锋，激进的程度让国民党内以开明自居的当权晚辈们瞠目结舌。由此，这股要求祖国统一的浪潮愈演愈烈。

当时，蒋经国刚刚逝世不久，由李登辉继任“总统”。在纷纷攘攘的党外运动中，令人担忧的“台独”倾向也日渐突出，尤其是他们提出的“由台湾全体住民自决台湾未来命运”的口号，对岛内民众有很大影响。刚刚执政的李登辉羽翼未丰还没有露出他“台独”的反动嘴脸，他不敢违背蒋氏父子的“复国”遗志，害怕失去党内一些实力派和元老派的支持。但陈立夫“和平统一”的提案，与他“台独”的愿望相悖，虽然不敢公开反对，但也不表态。

1989年，李登辉一改原来遮掩的做法，公然置民族的根本利益于不顾，置祖国和平统一的前途于不顾，不择手段地加紧了推行所谓的“弹性外交”、“双重承认”的步伐。这表明，李登辉原来所奉行的所谓“既缓和又抗争”的方式，实质上是奉行“两个中国”、“一中一台”的分裂政策，不仅无助于缓和两岸局势，也无助于祖国和平统一大业，反而会助长连国民党本身也曾反对的“台独”势力。

面对李登辉制造“台独”的种种迹象，陈立夫坚决持反对态度，他千方百计通过一些场合或在各种报刊上发表文章，坚决反对“台独”，极力推行“用中国文化统一中国的主张”。他说：“蒋介石先生一生反共，但也没有提出‘台湾要独立’，不论过去，现在和将来，台湾应该始终在中国的版图上。”但面对台湾当局的倒行逆施，没有任何实权的这位国民党元老也是无可奈何。

1991年11月，中国友谊出版公司出版了陈立夫的《四书道贯》，该书的出版为台湾与大陆的文化交流迈出了坚实的一步。此后，陈立夫曾就海峡两岸的统一问题多次发表谈话，希望两岸多接触，尤其是多开展文化交流以促进“用中国文化统一中国”。他时刻关心着祖国的统一，也时刻关心着大陆的建设和发展。

1991年，大陆举行纪念辛亥革命80周年的纪念活动，国内有关人士致书陈立夫，希望其夫人孙禄卿为这次纪念活动创作一幅国画。不巧的是，孙禄卿此时正在病中，无法作画，陈立夫就写了幅条幅作为纪念。条幅上书写了孙中山的一段话：“事有顺乎天理，

※ 蒋经国逝世后，蒋方良哀伤不已。蒋经国的去世也标志着蒋家政权时代的终结。

应乎人情，适乎世界之潮流，合乎人群之需要，而为先知先觉者，决志以行之者，未有不成者也。”

在陈立夫看来，辛亥革命的成功，是“顺乎天理，应乎人情，适乎世界之潮流，合乎人群之需要”，所以武昌起义，全国响应，而一举推翻清朝封建统治。他激动地对夫人说：“国共两党应实行第三次合作，完成祖国统一大业，这是中国人民的需要，是顺天

※ 一位亦师亦友的伙伴，一位相随一生的恋人。

理，应人情的，这个历史潮流，是人心所向，大势所趋，任何人也不能阻挡！”

倡导“用中国文化统一中国”的陈立夫，到了晚年之后，更加怀念自己的家乡。由于台湾“三不主义”的政策，他又是国民党“总统府咨政”、“中央评议委员会委员”，所以只能把思乡之情埋于心底，或付诸文字。

1993年夏天，陈立夫的长子陈泽安应邀回大陆讲学。陈立夫对

※ “梦魂纵有也成虚，那堪和梦无。”叶落归根，晚年的陈立夫极其想回到故乡，以慰相思之苦，可他深知，他不可回，浓浓的思乡情也只有在梦中了。

※ 这个曾经在中国现代史上左右国民党、权倾一时的风云人物，在他的时代已黯然灯熄时，悄然离开。从此“蒋家天下陈家党”，已是历史长廊里遥远的回音。

※ 相携相守，年老后的爱情融合进了血浓于水的亲情。

儿子说：“离开大陆的时候，你们还年轻，况且也没在湖州生活过，所以，你们也无法理解我对家乡的感情。中国有句古话，叫树高千丈，落叶归根啊，虽然台湾岛风光也秀丽无比，但这里毕竟不是咱们的家，咱们的家在大陆，咱们的根在大陆啊！”临行时，他一再嘱咐儿子，一定替他看看家乡父老，看看自己的老同事、老部下，看看家乡的一山一水，一草一木。

20多天以后，儿子回来了，陈立夫异常激动，他顾不上询问什么，先向儿子要照片看。儿子拍了几百张照片，陈立夫一张一张细细看，禁不住心花怒放。从照片上，他看到了家乡的变化，昔日的茅草屋变成了小洋楼，闲滩荒地上盖起了高楼大厦，宽阔的大马路，奔驰的小汽车，西装革履的人群……家乡的风光更秀丽无比。一股浓浓的乡情扑面而来，陈立夫陶醉了。

儿子向陈立夫讲述了大陆经济建设突飞猛进的大好形势，讲了改革开放给大陆人民带来的富裕和实惠，讲了家乡人民的精神面貌和文化追求。大陆的经济振兴，家乡的巨大变化，使陈立夫激动了好几天。

2000年3月18日，台湾举行第十届“总统”选举。由于李登辉十多年来蓄意摧残国民党、制造分裂，并在“选举”的关键时刻“弃连挺扁”，终于使主张“台独”的民进党候选人陈水扁当选。陈水扁“上台”后，肆无忌惮地推行“台独”政策，陈立夫的统一愿望是越来越远了。

2001年2月8日，陈立夫带着遗憾在台北去世，享年101岁。

中医守护神

中国传统医学，也就是中医，有着数千年的历史，中医文化源远流长。明末清初，西医开始传入中国，到清朝末年，传统中医的主导地位开始受到挑战。中华民国成立后，很多留学美国、日本的人主持教育、卫生和行政，并且开始全盘否定中医，提倡西医。

陈果夫、陈立夫兄弟是中国传统文化的固守者，而中医药文化是中国传统文化的一个重要组成部分，所以在中西医文化的争论中，他们是持肯定态度的。

陈果夫肺痨缠身数十年，当时西医治疗结核的特效药还没有发明出来，就一方面靠从国外进口贵重西药，一方面依赖中医药调理。俗话说，久病成良

※ 陈立夫一生风风雨雨。但是他晚年能够抛开党派成见，呼吁台湾海峡两岸和平统一，振兴中华，这也是值得肯定的。

※ 陈立夫注重养身之道。然而所谓的养身不外是心胸豁达。这一点可以从蒋介石去世看出，蒋去世后，陈立夫不计前嫌参加其葬礼，而且甚为悲痛。

医。陈果夫在几十年与疾病作抗争的同时，对中医产生了浓厚的兴趣，以自己治病的体会，以客观的判断，著有《自己治病简法》、《谈医药》等书，对中医基础理论和养生之道有独特的见解。

陈立夫虽然平时身体强健，但有几件事也加深了他对中医的认识，促使他晚年全力弘扬中医文化。

1936年西安事变时，蒋介石摔伤了腰脊，疼痛难忍，陈立夫找到一位气功师为蒋介石发气诊治，使蒋介石的疼痛减轻。蒋高兴之下，赏了该气功师2000元大洋。

1938年在武汉时，陈立夫的一位友人患腹膜炎高烧不退，送到医院，西医束手无策，宣布该病人只剩下六个小时的生命。这时适值当时有名的中医张简斋来访，陈立夫一把抓住张简斋就往医院跑。张简斋为该病人诊断后，两服药就把西医宣布为不可救药的病人救活了。

1943年，陈立夫以教育部长的身份到青海视察，途中不幸染上痢疾，当地找不到医生，情急之下找到一位兽医，给陈立夫打了一针。这位兽医用的针剂分量和给牛用的分量差不多，只稍微少了一点。陈立夫打针后，病情不见好转，只好请求蒋介石派专机接他回重庆，这时的陈立夫已浑身无力。到重庆后请张简斋诊治，才把病治好。病愈后，陈立夫查看有关书籍，才知道那位兽医用的分量已经超过了正常用量的两倍，而书上说，如果超过用量，病人会浑身关节疼痛，四肢无力，严重者会因此死亡，真是不看不要紧，一看吓一跳，让陈立夫出了一身冷汗。

被称为“中国西化知识分子龙头老大”的胡适，因患糖尿病，西医束手无策，北京协和医院的西医对胡适说：“是糖尿病也，不可为矣，速预备后事。”一向认为中医不是科学的胡适在生命垂危之际，转而求助于名中医陆仲安，陆仲安居然治好了胡的糖尿病。胡在感激之余，写了一篇文章，希望有朝一日能够看到中药的化学成分被分析出来并得到运用。

陈氏兄弟虽然相信中医，但他们所掌握的乃是党务大权，立法、行政大权则无缘染指。立法院先后为胡汉民、孙科控制；而教育、卫生和行政主管官员基本上都是留学国外、信奉西医的西化知识分子，陈氏兄弟虽然名声显赫，但要干预教育、卫生和行政却又有些鞭长莫及。不过，陈氏兄弟也利用他们的影响，为中医的维持做了不少工作。

1930年5月，陈果夫、胡汉民、陈立夫等人联名提交了“设立国医馆，以科学方法整理中医学术”的提案，获得通过。1931年8月，正式成立中央国医馆，陈立夫任理事长。中央国医馆是一个半官半民、半行政半学术的机构，职权不清，作为不大，加之中医界内部的派系矛盾，使国医馆形同虚设。

1933年6月，陈果夫、陈立夫、焦易堂等29名国民党中央执监委员联名提交了“提议制定国医条例拟责中央国医馆管理国医以资整理而利民生案”，但遭到汪精卫的否决。于是，国民党中央政治会议又将该提案转立法院法制委员会审议，在立法院法制委员会第四十三次会议上通过。但汪精卫却致函立法院长孙科，称：“此事不但有关国内人民生命，亦有关国际体面，若授国医以行政权力，恐非中国之福。”

1937年2月，在国民党五届三中全会期间，由湖南中医学界发起，全国中医界组织请愿团向国民党五届三中全会请愿。会上，教育部长王世杰重申中医不合科学，国民党元老张继当场起立驳斥，会场气氛相当紧张。通过激烈的争论，五届三中全会通过了“责成教育部明令制定中医教育规程，编入教育学制系统”及“实行五全大会中西医平等待遇决议原案”。在这场维护中医权利的斗争中，陈果夫、陈立夫等一批人在后面予以支持。

1938年1月，陈立夫出任教育部长后宣布改组教育部医学教育委员会，下设护士教育专门委员会、助产教育专门委员会、牙医教育专门委员会、药学教育专门委员会、中医教育专门委员会，为中医教育争得一席之地。陈立夫加聘焦易堂、陈郁、饶凤璜为教育部医学教育委员会委员，并指定陈郁为7名常委之一。陈立夫利用他主管教育的权力，为中医教育合法化做了很大的努力。

1949年，国民党退守台湾后，台湾当局仍沿袭在大陆时期所实行的一系列限制和歧视中医的政策。在很长时间里，台湾没有一所培养中医人才的高等学校。1958年6月，台“教育部”批准成立中国医药学院。1966年，学院设立中医学系，成为台湾中医正规教育的唯一学系。但是当时台湾是西医一统天下，学院创办后的10多年里，发展步履艰难。

1972年6月，谢东闵出任“台湾省主席”，宣布辞去兼任的台湾中国医药学院董事长职务，蒋介石决定让陈立夫接任。蒋介石把陈立夫召去，对他

※ 为了维护中医的地位，陈立夫可谓不辞辛劳。王世杰的一句中医“不科学”，立即引来了众人的批判。图为王世杰。

说：“中国医药学院按照‘教育部’之处理办法，必将垮台，只有你去，才能挽救，中医欢迎你，西医不便反对你，因为你一向为中医说话，却是学科学的。”

陈立夫到任后首先改组董事会，15名董事中，陈立夫选了5名中医、5名西医，另有5名是与中医相关的社会名流，陈立夫任董事长，另聘教育专家郑通和为院长。当时的台湾省找不到中医教授，也没有教材，中医学院毕业生不受台湾各公私立医院的欢迎，但陈立夫没有因此打退堂鼓，他利用自己在台湾岛内极为有利的人事资源及其国民党内的元老地位，带领学院一班人马克服了无数困难，让学院走出低谷，一步步发展壮大。

为使台湾省中国医药学院的发展有章可循，陈立夫上任首先拟订了16条教育方针，提出以“融会中西医药而创立新医学体系”的办学宗旨。据此，陈立夫又主持制订了中医学系课程表，聘请中医药教授编写教科书，改变了中医学系无系统教材的缺陷。陈立夫还鼓励中、西医教授合作研究，使中西医汇通，为建立新的医药体系而努力。

1972年8月，学院成立针灸研究中心、抗癌研究中心及中国药材研究中心等。为了加强学院的硬件建设，陈立夫决定筹建基础医学大楼，并亲自出面筹集资金。1975年6月，基础医学大楼建成并成立了各种实验室和研究室。1980年11月，学院第一附设医院在台中落成交付使用，这是台湾第一所正规的中医医院。到1988年9月，学院已形成从学士、硕士到博士的完整的中医教育体系，是台湾规模最大的医学院校。

陈立夫对中医药文化有着很深的感情，他特别反感那些武断地指责中医“不科学”的人。1978年，陈立夫在《我的信仰和希望》一文中指出：“我是采矿工程师，对于科学并不陌生。我深恶不学而好武断的人，所以我反对未读过一本中医药书籍，就一口认定中医为‘不科学’的人。科学必须根据事实，无事实而遽作结论，其本身头脑就是不科学。”

陈立夫将中医的复兴看成是中华文化复兴的一个重要组成部分。他在一篇文章中写道：“中医的遭遇，真是荆棘满途，我们应不应该去救它，它值不值得在文化复兴运动中占一份，这是首先应该求得的答案，依本人的想法是值得的。”在充分论述了其理由之后，陈立夫还提出了一系列复兴中医的具体措施。

※ 陈立夫主持祭孔大典。

在中医药界，陈立夫除担任中国医药学院董事长外，还担任台湾中医药学会、台湾中医师公会、台湾《易经》学会、台湾中华针灸科学研究基金会名誉理事长、董事长以及台湾中国医药研究基金会董事长、台湾中国医药学院中国医药抗癌研究中心主任委员、台湾中国医药典籍整编委员会主任委员、台湾中西医合作推行委员会主席、财团法人、中国医药研究发展基金会董事长。

可以毫不夸张地说，陈立夫是台湾中医药界的坚强后盾和精神领袖，没有陈立夫的惨淡经营，也就不可能有台湾中医药业的逐步恢复和发展。陈立夫任中国医药学院董事长30年，利用自己的特殊身份，向台湾的行政、立法和卫生、教育主管机关呼吁，要求重视和支持中医药事业。他为台湾的中医药事业作出了杰出贡献，岛内中医界人士推崇他为中医的“守护神”。

※ 一个封建婚姻制下的指腹为婚，竟也能如此地天长地久并爱意浓浓，可见他们是惺惺相惜了。图为陈立夫夫妇与朱明。

养生之道

陈立夫生于1900年8月21日，逝世于2001年2月8日，活了101岁，如此高寿的政界人士并不多见。这与他幸福美满的家庭及良好的日常生活习惯有很大关系。

陈立夫的夫人叫孙禄卿，与陈立夫是吴兴同乡。孙禄卿的父亲孙蓉江与陈立夫的父亲陈其业是至交好友，于是来了个指腹为婚。孙禄卿比陈立夫大两个月，13岁时两人正式订婚。陈立夫进入天津北洋大学后，孙禄卿则进入上海美术专科学校，并拜上海名画家王震为师，对山水画造诣颇深。

孙禄卿于1992年去世，享年93岁。陈立夫夫妇共同生活65年，能够和睦相处，这确实是不容易的一件事。陈立夫在《成败之鉴》中总结他们夫妇相处之道为八个字："爱其所同，敬其所异。"

他写道："我与妻结婚已65年了，如由订婚算起，已届满80年了。在这漫长的岁月中，深觉我妻聪颖贤淑，并富有联想的敏感，譬如往往说到此一事，她即能联想到彼一事。她有很强的管理能力，对家中佣人恩威兼施，他们也心悦诚服地愿接受其意见，故佣人一来我家，便不肯再离去。

"我妻有良好的整洁习惯，橱柜中所放东西，一切井然有序，衣饰器物，都有定位，故常见家中一丝不乱。此点我的女儿泽容，已深受其母熏陶。我妻个性很强，但她做的事我不去干预，偶有意见相左，我不当场反对，常在就寝时做心平气和的检讨。其间，就是管教子女们的方法两人意见不同时，同样不当场反对，双方适当保留其颜面，如此一来，也能使子女们得到父母的修养榜样。

"事实上我妻的性格，很多地方和我完全不一样，而我却常能以八个字处之：'爱其所同，敬其所异'，亦即相同的地方要能相处，不同的地方使能相互尊敬。比如她脾气很急，我则颇温和，有时我想，我的温和也有缺点，若有些事需要急的时候，她的急也能弥补我的缺点。这样一想，我就会觉得她的个性不一定要同我一样了。再如我喜欢用钱，只要带钱在身边，便常会花光，但她则用钱谨慎，没有随便花钱的习惯，否则，她如果和我一样，则家中便很难有储蓄了。因此我认为夫妇相处，要能相互认识对方的长处，彼此便不会合不来，亦就不会有口角了。

"夫妻朝夕相处，有些小事还要能够相互容忍，比如我妻不易流汗而我则相反，由于她不出汗便不怕伤风，故喜欢大开窗户，但我却常因吹风着凉，所以不习惯大开其窗，然而我却从未坚持己见，不反对她开窗户。又比如参加亲友邀宴，她化妆时我便做我的事，待好了又催我时，我就说刚才等你半小时我没催你，现在不过才等我几分钟，你就连番来催我了。如此便可'轻描淡写'地一笔带过。

"此外，我妻也有和我根本不同的地方，由于她是学美术的，家中一切都要合乎美的标准，如客厅沙发、卧室家具乃至窗帘色彩等，她要布置得很协调。而我则是学工程的，一切要讲求实用，亦即主张实用第一，我妻却以美观第一。此皆因所学不同，故观点亦不一样。所以家中一切陈列我不过问，任由其发挥爱好与所学。至于经济，亦全由我妻执掌，我俩并共用一银行户头，两人都可随意取款，绝不怀疑对方之用途，互相信赖，自然便融洽无间了。我与妻结婚已60多年了，在生活中从未吵过架，都是相互容忍、互为信赖的结果。有时亲友邀宴请我讲话，我就把上述道理提出来规劝大家，亦颇能引起在座人士的共鸣。"

陈立夫的小儿子陈泽宠曾回忆说："母亲去世时93岁，在此之前，曾有过心律不齐的毛病，父亲为了防止母亲半夜起床如厕，不慎跌倒，特别准备了马桶在床边，父亲则亲自为其倒马桶，无一日间断。尽管母亲不喜欢政治，但也能容忍相处，互敬、互谅、互爱，除了父亲开会、演讲、上课，双亲总是同进同出，一道上馆子，一道看画展。父亲比较舍得花钱，母亲更为节俭，我们做子女的也受母亲影响，不沾政治。母亲很会做点心，记得1958年姐姐结婚时，为了用茶点招待客人，父母提早在三个月前把点心一样样做好，有300份之多，放在冷冻库里，到喜宴那天，拿出来宴客，就是现在所谓冷藏食品之前身吧！"

在日常生活上，陈立夫总结出养身之道的48字诀："养身在勤，养心在静；饮食有节，起居有时；物熟始食，水沸始饮；多食果菜，少食肉类；头部宜冷，足部宜热；知足常乐，无求常安。"

在《成败之鉴》中，陈立夫写道："我年事已高，但身体仍甚硬朗，所以对于养生也小有心得。我自幼即有一偏好，总喜欢吃鸡、鸭、猪等的脑子，但不多吃，差不多两星期至一个月吃一次。也许有人不相信，比方到现在，我的视力仍甚佳，我觉得这和我喜吃小银鱼有关系，我用小银鱼炒蛋，每次总有一二百条吧。在旧时传说中，认为吃什么补什么，如果属实，那么我吃下一二百条小

※ 并肩同行，风雨同心，一路携手。

鱼，即有三四百只眼睛的营养，长期下来，便足以使我的视力保持良好，不能说没有道理。

“往昔，西人曾讥笑我们国势衰敝，人民羸弱，乃谑称之谓‘东亚病夫’；故蒋委员长于抗战期间提倡‘新生活运动’，就是针对此讥刺，请国人革除旧习，强身报国。

“我一生从事公职，由美回台定居后，设法退出政坛，期能以有生之年，在复兴文化工作中发扬先圣先贤之道统，恪尽一份绵薄之力，但这是一项艰巨繁重的工作，必有赖于健全的身心；因此，我很注意健康身心的运动。

“在侨居美国时，曾于《华美日报》读到一篇中国秦姓妇女写的文章，浅释‘内八段锦’为有强身的功能，应说是一种强化与锻炼身心的‘中国功夫’。我读了这篇文章后，觉得很有道理，特地到纽约去拜访她。她是秦昭芬先生的夫人，东北人，她告诉我说，‘内八段锦’功夫她已做了八九个月，发现有三大益处：第一，胃口变得特别好；第二，原有耳疾常流黄水，现已痊愈；第三，往日腿上有红筋暴出，已不复现。

“从获知这项运动起，三十五年如一日，每早起床就做，一直持续不断。运动毕即大小便，然后淋浴。此运动最初是在床上做，自12年前开始，我就利用淋浴时一并做，那就是水冲到哪一部位，就用手摩擦哪一部位。淋浴与运动并做，我感到效果更佳；因为在淋浴时做此运动，必更能促进血液循环，此应是我所创见。回溯自做这项运动起，我的宿疾腰疼已完全痊愈，摄护腺不必开刀而愈。

“我生活很有规律，早晨5:30起床，晚间通常9:30入睡，有八小时睡眠。起床后排便、淋浴、运动、洗脸等约占一小时（运动35分钟），至6:30就一切完毕。然后用早膳，早膳后开始散步500步，庭院中花木很多，空气清新，漫步其间，颇怡情悦目之效。

“每天晚饭后看电视，在家都是6:30进晚膳，然后边吃边看电视新闻和其他节目；但在插播广告时，我便利用此间隙在屋中散步：自客厅、厨房、卧室，来往踱着步子，合共约500步。

“内子也有在床上做此运动的好习惯。她每日6:30起床，早餐后散步，通常在阳台上走2000步，我有时也跟她一同走。如非外出开会时，我即在家写点东西，做些整理文稿等工作。中午小睡一小时左右，然后起床再继续工作。

※ 廉颇老矣，尚能饭否?

“我的饮食很清淡，喜吃青菜豆腐，油腻肉类较少；我的胆囊切除后，更不能吃太油腻的东西。我有一点糖尿病，吃东西稍不留意，血糖就升至180度；120较理想，超过200便须注射因素林。现在我已经控制到140左右，差不多高了20度。目前有一种理论，即超过60岁的人，每增一岁，血糖即可加一度，而我已逾越90岁，故理想之血糖高度，超过150亦不为高。

“我的血压最好。低血压60～70；高血压100～120；可说极为正常。像我这样一个年达90余高龄的人，是很少有如此正常血压的，此应归功于运动的效果。常记得一位老方丈告诉我的一句箴言：‘养身在勤，养心在静。’这位高僧说此话时，已逾96岁，且常以上述八个字，示人以健康长寿之道。

“我的健康良好，确是运动的功能。早年读中学时我就喜欢运动：网球、篮球、游泳、足球、滑水、跳高、跳栏、赛跑等，我都参与活动，他如：形意拳、太极拳我也都打过。可以说各项运动，我都有浓厚兴趣。同时，我读的中学要求很严，学业成绩平均必须85分以上，一小时假都不请者，学期终了可获颁一奖状。四年下来，我荣获七张奖状纸，一学期未拿奖状，那是因家兄果夫结婚，请了一次假的关系。读大学时我也喜欢运动，主要还是为了锻炼体魄，

※往事不曾回首，流年暗中偷换。

我确认身体健康原是人生最大的幸福。故有人邀我演讲时，如一时未特定题目，便做临时性的养生经验讲话，告诉大家如何运动。譬如1984年，我在政大校友会新年专拜时讲话，就曾把上述那套运动方法一一讲出来并表现示范。

“我这个人却还有一个优点，躺下不到5分钟就睡着了，因此，我一向都睡得很好。我有一重要原则，即我答应要办的事，便一定拼命去做，即使做得未尽理想，但我已尽了全力。由于已全力以赴，故我入睡时便不再想白天所做的一切，于是我就能安然进入梦乡。

“此外我有个特点，也是多数人难以做到的，那就是当有人在旁高谈阔论时，我可以不受影响，照样伏案沉思，冷静地写文章。此时我能把两耳封闭起来：听之而不闻。因此，我由士林家中到北市南海路孔孟学会上班，历时约35～50分钟，便充分利用这段时间在坐车时批阅公文，毫不受沿途车辆的嘈杂干扰。

“我常在忙碌中度日，通常每天写五六封亲笔信，还要替不少人题字、作序等多方应酬，并编写文化教材，逐日与文版为伍，好像有永远做不完的事。但我并不疲惫，此应是我受自强不息常年运动之赐！”

后记

陈果夫、陈立夫两兄弟是“四大家族”中陈氏家族的开创者，他们曾经替蒋介石负责国民党内的特务工作，权力极大。如今陈家辉煌不再，后人远离政治，在台湾已经没有什么影响力了。

陈立夫有三个儿子一个女儿，而陈果夫只有一个女儿，为了让哥哥的香火延续下去，陈立夫将自己的大儿子陈泽安过继给了陈果夫。现在陈家自陈果夫、陈立夫算起，已经有了第四代，家族人口众多。

陈家除了陈立夫的小儿子还居住在台湾以外，其他人都在美国生活。在陈家后代中，最出名的恐怕就是“二陈”共同的儿子陈泽安了。他是美国一所大学的教授，同时也是一位国际知名的植物病理学家。

陈家是“四大家族”中较穷的一个。陈果夫、陈立夫一生没有多少积蓄，死后并没有留下多少财产，再加上“二陈”在国民党败退台湾时，就已被蒋介石赶出了国民党的权力中心，因此陈家子弟一直靠自己的努力生活，并没有多少名门望族的感觉。

陈家子弟在台湾岛内的地位可谓江河日下。前不久岛内有人要拆除陈立夫在台北市的故居，陈立夫的儿媳妇林颖曾虽然一再恳求对方“手下留情”，建议将陈立夫的故居改成陈立夫的文物纪念馆，但最终房子还是被拆除。在拆迁现场，独自抗争的林颖曾只好拿出相机，伤感地拍下照片留念。

陈氏家族族谱

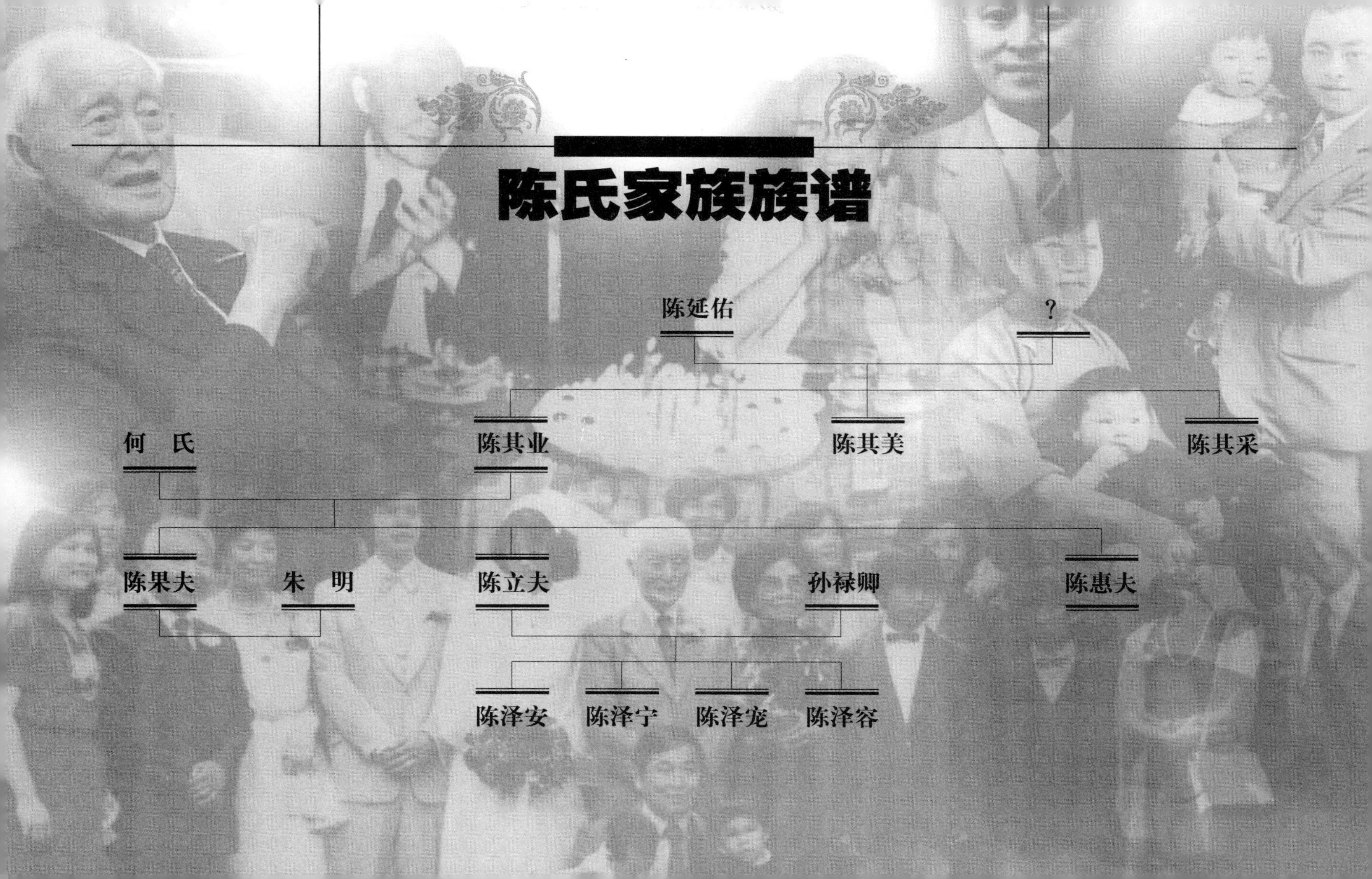